In der Serie
HEYNE-ANTIQUITÄTSBÜCHER
sind außerdem erschienen:

Antiquitäten — Möbelstilkunde · 4324
Antiquitäten — Porzellan · 4340
Antiquitäten — Zinn · 4358
Antiquitäten — Gläser · 4370
Antiquitäten — Bauernmöbel · 4391
Antiquitäten — Englische Möbel · 4405
Antiquitäten — Jugendstil · 4409
Antiquitäten — Silber · 4414
Antiquitäten — Teppiche · 4428
Antiquitäten — Faustfeuerwaffen · 4436
Antiquitäten — Spielzeug · 4440
Antiquitäten — Art Déco · 4445
Antiquitäten — Uhren · 4448
Antiquitäten — Afrikanische Kunst · 4454
Antiquitäten — Antiquitäten als Kapitalanlage · 4467
Antiquitäten — Deutsche Möbel des Barock und Rokoko · 4469
Antiquitäten — Gewehre · 4463
Antiquitäten — Netsuke · 4474
Antiquitäten — Gründerzeit · 4479
Antiquitäten — Münzen des Mittelalters und der Neuzeit · 4485
Antiquitäten — Böhmische Gläser · 4492
Antiquitäten — Schmuck · 4501

RENATE DOLZ

Alter Hausrat

Mit über 250 Illustrationen

Originalausgabe

WILHELM HEYNE VERLAG

MÜNCHEN

HEYNE-BUCH Nr. 4507
im Wilhelm Heyne Verlag, München

Wir danken folgenden Firmen für ihre freundliche
Unterstützung bei der Gestaltung des Umschlags:
Edmund Löwe, München, Amalienstraße 24
Frank & Zangl, München, Türkenstraße 48
van der Fecht, München, Schellingstraße 19

Copyright © 1976 by Wilhelm Heyne Verlag, München
Printed in Germany 1976
Zeichnungen: Renate Dolz, München
Umschlagfoto: Dieter Hinrichs, München
Umschlaggestaltung: Atelier Heinrichs, München
Satz: Schaber, Wels/Österreich
Druck: Presse-Druck Augsburg

ISBN 3-453-41185-4

Inhalt

Vorwort 7
Einleitung 8

Altsteinzeit 10
Mittelsteinzeit
    Übergang zur Jungsteinzeit im Vorderen Orient 15
Jungsteinzeit ab 5000 v. Chr. 23
Hausgerät der Jungsteinzeit und
    der beginnenden Bronzezeit 26
Die Hochkulturen 34
Beginn der Eisenzeit 44
Antike — Griechenland 45
Antike — Rom 52
Der Beginn Europas — Frühmittelalter 66
Mittelalter — Romanik 71
Mittelalter — Gotik 75
Renaissance 90
17. Jahrhundert — Barock 107
18. Jahrhundert — Rokoko/Klassizismus 126
Das 19. Jahrhundert 156

Literatur 189
Kataloge 191
Register 192

Vorwort

Wir hängen heute gern das Herz an die alten Dinge, die aus einer, nach unserer Meinung, beschaulicheren Zeit stammen. Man kann diesen Trend, der mit dem Schlagwort »Nostalgie« (frz. = Heimweh) bedacht wurde, vielleicht nicht nur als eine Mode ansehen, sondern auch als das Bedürfnis vieler Menschen, sich gegen zuviel Technik, zuviel Fortschritt zu wehren, die oft die menschliche Natur überfordern.

Auch der alte Hausrat wurde wiederentdeckt, und manches ausgediente, schön geformte oder originelle Gerät trägt als Zimmerschmuck dazu bei, einer phantasielosen Neubauwohnung Atmosphäre zu geben.

Unser Haushalt heutzutage ist vereinfacht, um nicht zu sagen verarmt, wenn man an früher denkt, als es noch keine Elektrizität und Fertiggerichte gab. Die modernen elektrischen, zeitsparenden Küchen- und Haushaltsgeräte, auf die wir natürlich nicht verzichten möchten, haben viele Geräte überholt oder überflüssig gemacht. Aber durch das weitverbreitete Interesse auch an *den* alten Dingen, die nicht den Anspruch erheben, als Antiquitäten zu gelten, sondern die als einfaches Gebrauchsgut zum täglichen Leben gehörten, wurde vieles erhalten. Wenn man Glück hat, kann man sogar unter dem Sperrmüll noch etwas zum Mitnehmen entdecken.

Wenn man erst einmal anfängt, darüber nachzudenken, was früher alles für das Funktionieren eines Stadt- oder Landhaushalts nötig war, dann fällt einem vielleicht noch eine Menge ein. Dieses Buch will mit vielen Zeichnungen beim Erinnern helfen, dabei aber auch zeigen, welche erstaunliche Entwicklung vor sich gegangen ist, seitdem vor über einer Million Jahren zum ersten Mal ein Mensch einen Stein zerschlug, um ein Werkzeug oder eine Waffe zu gewinnen.

Einleitung

Die Entwicklung des Hausgeräts und des Hausrats ist ein Teil der Kulturgeschichte der Menschheit. Obwohl man eigentlich erst seit dem Seßhaftwerden — als die Menschen anfingen, feste Häuser zu bauen, um für längere Zeit an einem Ort zu siedeln — diese Begriffe anwenden kann, waren aber viele grundlegende Werkzeug- und Gerätformen und Herstellungstechniken, mit denen wir auch heute noch umgehen, schon längst erfunden.

Mit Hilfe der modernen chemisch-physikalischen Datierungsmethoden (Radio-Karbon-, Kalium-Karbon-Methode und Pollenanalyse) kann die Entwicklung der Menschheit über drei Millionen Jahre hinaus und die der Vorläufer noch viel weiter zurückverfolgt werden, wobei neuere Funde die Datierungen immer wieder ins Fließen bringen.

Unser Ahn, der *Homo sapiens*, trat jedoch erst während der letzten der vier Eiszeiten, um 35 000 v. Chr. auf den Plan. Aber auch die frühen Formen der Hominiden besaßen schon menschliche Intelligenz. Ihre große Anpassungsfähigkeit an alle Lebensbedingungen, der aufrechte Gang und die dadurch mögliche Entwicklung der Hände zu idealen Werkzeugen, zusammen mit der Fortbildung des Gehirns, brachten ihnen Vorteile gegenüber den festgelegten, für eine bestimmte Lebensweise spezialisierten Tieren, selbst gegenüber den intelligenten Menschenaffen.

Sie gebrauchten Geräte, Hilfsmittel, die die Natur bot, Wurfsteine als Jagdwaffen, Hölzer, Knochen, Muscheln, und vor ungefähr einer Million Jahren begann ein weiterentwickelter, geschickterer Typ, der *Homo habilis*, Geröllsteine an Steinen so abzuschlagen, daß scharfkantige Schabwerkzeuge und Waffen entstanden. Für 500 000 Jahre genügte den Menschen der Vorsteinzeit diese weitverbreitete Technik.

Schon früh konnten auch die Menschen Feuer entzünden. Sie erkannten seine nützliche Kraft und lernten das gewaltige Element, vor dem jedes Tier flieht, zu beherrschen. Das Feuer gab ihnen Licht und Wärme, wurde Mittelpunkt des Lagers, wie in späteren Zeiten das Herdfeuer im Haus, und wird auch von Anfang an größte Bedeutung für den magisch-religiösen Kult gehabt haben.

In den folgenden Jahrtausenden blieb der Stein in seinen verschiedenen Arten das wichtigste Material für die Herstellung von

Waffen und Werkzeugen. Man nennt deshalb den großen Abschnitt ab 600 000 v. Chr. bis zum Beginn der Metallzeit mit entsprechenden Unterteilungen, die sich aus dem Entwicklungsstand und der Art der Funde ergaben, *Steinzeit.*

Die *Altsteinzeit* (Paläolithikum) umfaßt alle vier Eiszeiten mit den dazwischenliegenden Warmzeiten und dauerte ungefähr von 600 000 bis 10 000 v. Chr.

Die *Mittelsteinzeit* (Mesolithikum) war eine Übergangszeit nach dem Zurückweichen des Eises, die in Europa länger dauerte als im Vorderen Orient, wo schon im 7. Jahrtausend v. Chr. die *Jungsteinzeit* (Neolithikum) begann. Hier wurde auch zuerst Kupfer geschmolzen, und etwa ab 2500 v. Chr. löste die Bronze, eine Kupfer-Zinn-Verbindung, nach und nach den Stein ab.

In diesem riesigen Zeitraum vollzog sich die Entwicklung zunächst sehr langsam, wurde allmählich immer schneller und führte schließlich um 3000 v. Chr. zum Entstehen der ersten Hochkulturen, der mächtigen Reiche im Orient, mit deren schriftlichen Überlieferungen die geschichtliche Zeit begann. Nur knapp 5000 Jahre später hat die Menschheit das Atomzeitalter erreicht und ist in der Lage, sich selbst total zu vernichten.

Altsteinzeit

Noch während der ersten Eiszeit waren die abgeschlagenen Geröllsteine unverändert in Gebrauch, dann, um 500 000 v. Chr. fingen weiterentwickelte Menschen (Homo erectus) an, die Steine für eine bessere Handhabung stellenweise fein zu glätten: man nennt das retuschieren. Bald darauf entstand das Universalgerät der älteren Altsteinzeit, der Faustkeil, der bis 150 000 v. Chr. überall durch geschickte Schlagtechnik hergestellt wurde. Von besonderer Bedeutung war dafür das Vorkommen von Feuerstein, eines Produkts aus verkieselten Glasschwämmen der Kreidezeit, dessen vorzügliche Beschaffenheit zu immer besserer Bearbeitung und Formgebung anregte. Eine andere Technik, das Zerschlagen einer Feuersteinknolle an einem Stein, ergab mehrere, äußerst scharfkantige und spitzige Abschläge, die ebenfalls wirksame Werkzeuge zum Schaben, Schneiden und Bohren waren. Feuerstein wurde schon damals ein wertvolles Handelsobjekt und wurde industriell abgebaut.

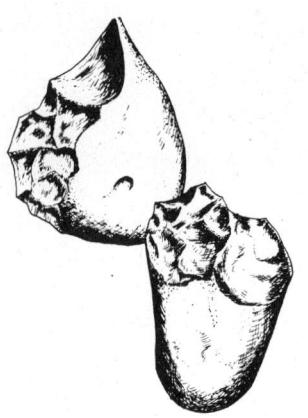

Abgeschlagene Geröllsteine mit Retusche

Klassischer Faustkeil aus Feuerstein. Prähistorische Staatssammlung München

Sogar noch im 19. Jahrhundert funktionierten die Steinschloß-gewehre durch den Funken des Flints, des Feuersteins. Er gab der Flinte, ursprünglich Flintrohr, den Namen.

Neben dem Stein wurden auch Knochen und Holz für Geräte und Waffen verarbeitet. Vielleicht gab es schon Holzwurfspeere und Steinschleudern. Die Menschen lebten in Abhängigkeit vom Wild, dem sie in Horden nachzogen, und ihre Geräte genügten für das Sammler-, Wildbeuter- und Jägerdasein. Sie suchten wahrscheinlich in Höhlen Schutz vor Wetterunbilden und wärmten sich, wenn es nötig war, durch Fellbekleidung.

In der letzten Zwischeneiszeit, um 150 000 v. Chr., begann sich ein neuer Menschentyp zu entwickeln, dessen Überreste und Hinterlassenschaften in fast allen Erdteilen gefunden worden sind, die meisten aber bis jetzt in Westeuropa. Man benannte ihn nach dem Neandertal bei Düsseldorf, wo 1856 die ersten Schädelfragmente gefunden wurden, und seine Zeit nach den reichen Werkzeugfunden bei Le Moustier in Frankreich »Moustérien«. Die Neandertaler waren recht fortschrittlich. Sie benutzten kleinere, differenziertere Feuersteinwerkzeuge, Handspitzen, Messer, Schaber, anstatt der

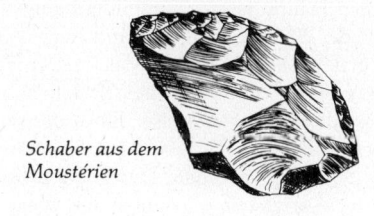

Schaber aus dem Moustérien

Buchtschaber und Spitzmesser mit Einkerbung für die Befestigung eines Schaftes

Faustkeile und machten sie durch Schäfte aus Holz und Knochen handlicher. Sie bearbeiteten Holz, Bein und Leder und verbesserten ihre Speere durch Steinspitzen. Die tapferen Jäger fürchteten sich nicht vor riesigen Nashörnern, Höhlenbären und Höhlenlöwen. Es hat den Anschein, daß sie den mächtigen Bären zum Objekt eines Kultes machten. Eine neue Entwicklungsstufe bedeutete auch die Bestattung der Toten mit Grabbeigaben.

Die Spuren der besonders ausgeprägten europäischen Neandertaler verlieren sich ab 50 000 v. Chr. während der letzten Eiszeit (120 000 bis 10 000 v. Chr.), und andere Menschen, die den heutigen ähnelten, lebten in deren Gebieten. Außerhalb Europas dagegen, im Vorderen Orient z. B., deuten die Funde auf eine Weiterentwicklung oder Vermischung mit der neuen Rasse des *Homo sapiens* hin, dessen Erscheinen den Beginn der jüngeren Altsteinzeit markiert. Sie wurde von drei aufeinanderfolgenden Kulturen geprägt, die ihre Namen von den wichtigsten Fundstätten in Frankreich bekamen: *Aurignacien* nach der Grotte von Aurignac (Haute Garonne), *Solutréen* nach Solutré (Saône-et-Loire) und *Magdalénien* nach der Grotte von La Madeleine (Dordogne). Der eindrucksvollste Typ der Zeit war der hochgewachsene Mensch von Crô-Magnon. Es wird angenommen, daß sich in diesem Zeitraum allmählich die heutigen Hauptrassen ausgebildet haben.

Andere Techniken der Steinbehandlung und neue Werkzeuge, Waffen und Geräte, in der späteren Zeit, als das Rentier Hauptlieferant für den Unterhalt wurde, vor allem aus Knochen, zeigen die Fortschritte der menschlichen Lebensweise. Eines der wichtigsten Steinwerkzeuge wurde der Stichel, dessen verschiedene Formen heute noch aus Stahl hergestellt werden. Durch die Erfindung der Nähnadel aus Bein, im Aurignacien, konnten die Menschen ihre Fellkleidung jetzt nähen und den Körperformen anpassen. Das trug zur Entwicklung des Schönheitssinns bei, der sich auch in einem großen Schmuckbedürfnis äußerte. Ketten aus Holz-, Stein- und Elfenbeinperlen, aus Muscheln, Korallen und Schneckenhäusern, die wahrscheinlich auf Tauschwegen auch aus dem Mittelmeergebiet in nördliche Regionen gelangten, wurden in Mengen gefunden, auch Anhänger aus Tierzähnen, wie es heute noch die Jäger lieben. Die Körperbemalung spielte, wie schon bei den Neandertalern, für die Verschönerung eine Rolle, mehr vielleicht noch bei kultischen Handlungen.

Schmuck und Waffen wurden jetzt den Toten als persönliches Eigentum ins Grab mitgegeben.

Klinge und Stichel aus dem Aurignacien

Blattspitze, typische Form des Solutréen, Einkerbungen lassen auf die Befestigung eines Schaftes schließen. Prähistorische Staatssammlung München

Gestielte Spitze

Nadel. Deutsches Museum München

Ahle. Deutsches Museum München

Mit dem Homo sapiens kam auch die Kunst in die Welt. Bis dahin hatte sich die Vorstellungskraft der Menschen darauf gerichtet, Waffen und Geräte zu schaffen. Die Beobachtung der Natur ließ sie deren Formen und Techniken erkennen, die sie für sich nutzten und weiterentwickelten, wie es die Techniker bis heute tun. Nun begannen sie, durch Kult und Jagdmagie gedrängt, darzustellen, was sie innerlich bewegte, als Plastik, Zeichnung und Malerei.

Die ältesten erhaltenen Werke sind kleine Steinskulpturen, Menschengestalten, die wohl Fruchtbarkeitssymbole, doch sicher auch Schönheitsideale waren, wie die berühmte »Venus von Willendorf« mit üppigen Formen, ohne Gesicht, aber mit prächtiger Frisur. Mit den Sticheln gravierten die Künstler Ornamente und Tiere als Schmuck und Magie in ihre Geräte und in flache Steine. Als Magie und Jagdzauber sind die wundervollen lebendigen, farbigen Tiermalereien aus der Zeit des Magdalénien in südfranzösischen (z. B. Lascaux) und in nordspanischen Höhlen (z. B. Altamira) zu verstehen. Diese Höhlen waren nur Kultplätze. Man fand noch die Farben, Steinschalen zum Zerreiben der Farben und einen ausgehöhlten Stein, der mit Rentierfett gefüllt war und mit einem Docht als Lampe bei der Arbeit gedient hat.

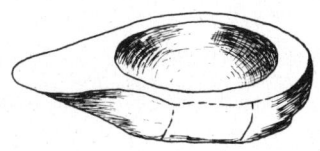

*Lampe aus Kalkstein.
Nachbildung im
Deutschen Museum München*

Die Menschen hausten unter überhängenden Felsen, in zeltartigen Hütten aus Häuten und gebietsweise in windgeschützten Grubenwohnungen, die sicher auch schon Standquartiere und Winterlager waren.

An einer Lagerstelle, deren Spuren bei Neuwied, nördlich von Koblenz, entdeckt wurden, bestätigten viele gravierte Platten, meist aus Schiefer, die den Boden der ehemaligen Zelthäuser gebildet haben, daß hier Menschen gegen Ende der Eiszeit sicher für längere Zeit gewohnt haben.

Als Hausrat kann man neben den Werkzeugen und Waffen aus Stein, Knochen und Holz und flach ausgehöhlten Steinen auch Gefäße aus Holz, Geflecht, Leder, Tiermägen und -blasen, aus Röhrenknochen, Kürbissen und in südlichen Ländern aus Kokosnüssen und Straußeneiern annehmen. Diese Urformen waren später noch Vorbild für Gefäße aus Stein, Ton und Metall.

Als im Norden das Eis um 20 000 v. Chr. anfing zurückzuweichen, veränderten die Schmelzwassermengen und das wärmerwerdende Klima Landschaft, Pflanzen- und Tierwelt und damit auch die Lebensbedingungen der Menschen. Das größte Jagdtier der nördlichen Gebiete, das kältegewohnte Mammut, starb aus, und die lebenswichtigen Rentiere zogen dem Eise nach. Viele Jägergruppen folgten ihnen in eine kärgliche Natur, wo vorher Eis gewesen war; andere lernten, sich umzustellen.

Mittelsteinzeit
Übergang zur Jungsteinzeit im Vorderen Orient

Während der jahrtausendelangen Eisschmelze, ungefähr bis 8000 v. Chr., hatten sich Flüsse und Seen gebildet, deren Fischreichtum Nahrungsmöglichkeit bot, so daß sich die Menschen für längere Zeit an den Ufern niederließen, Hütten bauten, Fischfang vor allem und etwas Jagd betrieben, Krebse und Muscheln, Feld- und Waldfrüchte sammelten und wahrscheinlich schon Wildgetreide anbauten. Ihr erstes Haustier war überall der Hund, vielleicht aus Wölfen, die sie als Junge aufnahmen, gezüchtet.

Werkzeuge und Geräte aus Stein, Knochen, Horn und Holz entsprachen der neuen Lebensweise. Es gab Angelhaken, Harpunen, Fischschuppmesser und Muschelöffner, Meißel aus Horn und die ersten Kämme. Der sich ausbreitende Wald machte die Erfindung eines schlagkräftigen Werkzeugs notwendig. Aus Hirschgeweih wurden zunächst Beile gefertigt, später kombinierte man Geweihstiele und aus Kernstein geschlagene Feuersteinklingen. Das Beil ermöglichte eine intensivere Bearbeitung des Holzes. Das führte zur festeren Bauweise der runden Häuser mit Holzpfosten und zur Entwicklung größerer, wichtiger Geräte wie aus einem Stamm gehauener Boote, Schlitten und Skier, womit man weite Entfernungen leichter und schneller überwinden und schwere Beute transportieren konnte. Das hat sicher auch den Tauschhandel und den Verkehr zwischen den Sippen gefördert. Ein Handelsobjekt war der begehrte Feuerstein, der im Norden regelrecht in Bergwerken abgebaut und in Werkstätten verarbeitet wurde und dann in entferntere Gegenden gelangte.

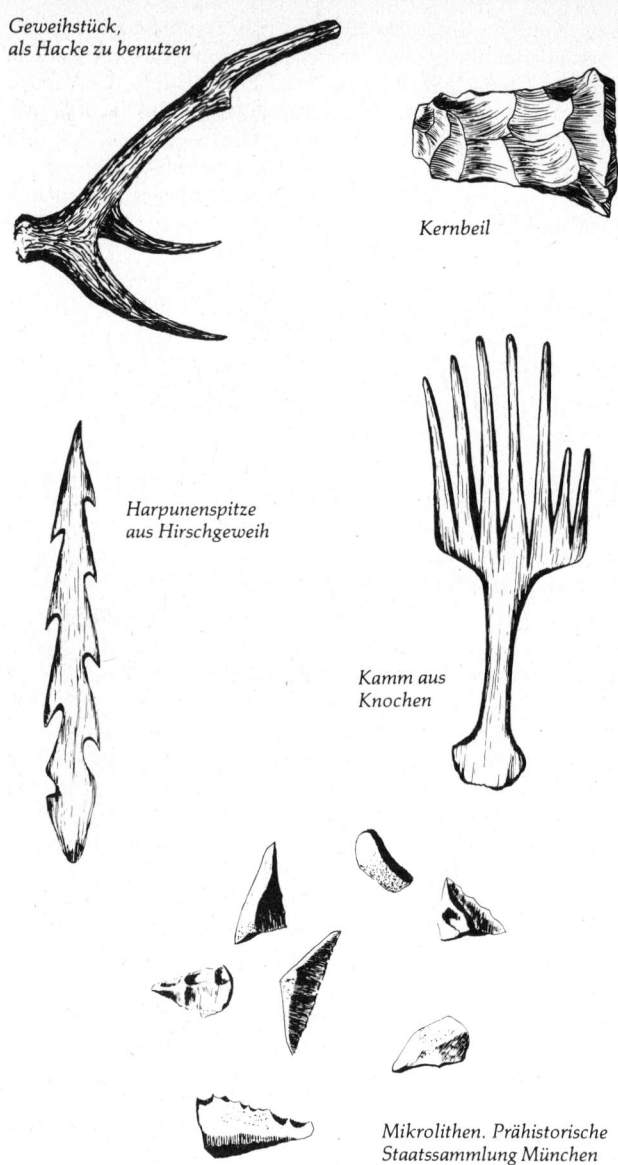

Geweihstück, als Hacke zu benutzen

Kernbeil

Harpunenspitze aus Hirschgeweih

Kamm aus Knochen

Mikrolithen. Prähistorische Staatssammlung München

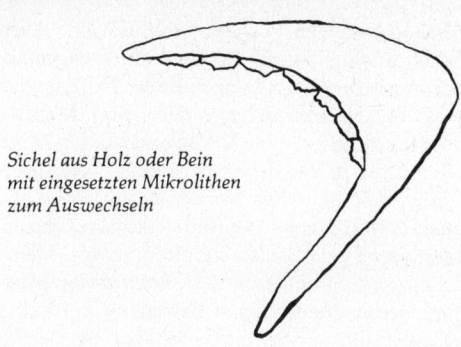

Sichel aus Holz oder Bein mit eingesetzten Mikrolithen zum Auswechseln

In den Ländern um das Mittelmeer, von Nordafrika ausgehend, wo das Abklingen der Eiszeit besonders gute klimatische Verhältnisse schuf, benutzten die Bewohner ganz kleine, manchmal nur fingernagelgroße Feuersteinabschläge, sogenannte Mikrolithen, die in Gerätschäfte und Waffen eingesetzt und nach Abnutzung ausgewechselt wurden. Diese Erfindung der *Capsien-Kultur* bewährte sich derart, daß sie sich überall, wo Menschen lebten, durchsetzte.

Fundgruben waren die riesigen »Küchenabfallhaufen«, von den Dänen Kjökkenmöddinger genannt, an den Küsten Europas und Afrikas aus dem 7./6. Jahrtausend v. Chr., als diese Regionen besonders besiedelt wurden. In den drei Meter hohen und stellenweise

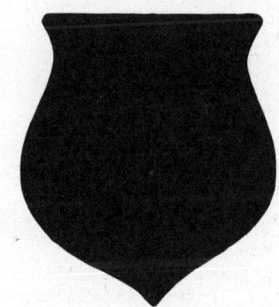

Keramikform aus Dänemark

bis fünfzehn Meter langen Wällen aus Muscheln, Austernschalen und Fischresten fanden sich auch Waffen, Werkzeuge und Hausgeräte und in Dänemark die ersten Tongefäße des Nordens, schlichte Gefäße, die z. T. mit Flechtmustern verziert sind. Man kann daraus schließen, daß auch geflochtene Körbe und Matten hergestellt wurden. Gute Einblicke in das Leben der Fischer und Jäger geben die Felsbilder dieser Zeit, im hohen Norden in Norwegen und Rußland, in Ostspanien und in Nord- und Südafrika. Im Gegensatz zu den Höhlenbildern der Eiszeit liegen sie offen zutage, klein und groß, als Ritzzeichnungen, Silhouetten und mehrfarbige Malereien, und zeigen immer wieder Menschen in Bewegung, bei kultischen Tänzen, oft bekleidet und mit Schmuck behängt, bei der Jagd mit der neuen Fernwaffe Pfeil und Bogen, mit den Tieren ihrer Umwelt, beim Fischfang und bei täglichen Arbeiten.

Im Vorderen Orient hatten in diesen Jahrtausenden die Menschen schon eine höhere Kulturstufe erreicht. Hier hatte um 10 000 v. Chr. der Übergang vom unsteten Jägerleben zur Seßhaftigkeit des Ackerbauern, vom Sammeln der Nahrung zum Produzieren der Nahrung begonnen, der entscheidende Wandel in der menschlichen Lebensweise, ohne den unsere Kulturentwicklung nicht möglich geworden wäre.

Die großen klimatischen Umwälzungen durch das Abklingen der Eiszeit haben sich überall auf der Erde ausgewirkt.

Wahrscheinlich zwang gebietsweise Verschlechterung der Lebensbedingungen durch Trockenheit die Menschen, Wildgetreidesorten an geeigneten Plätzen, besonders an Flußläufen, auszusäen, zu pflegen und später zu züchten. Die Zähmung der Haustiere als ständige Lieferanten für Fleisch, Milch, Wolle und Eier war ein weiterer Schritt zum Seßhaftwerden.

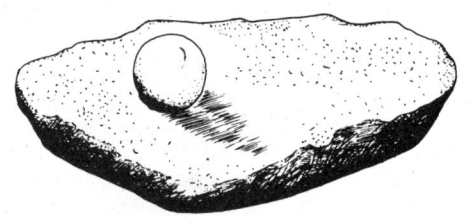

Urform des Reibsteins, Jungsteinzeit.
Prähistorische Staatssammlung München

Die ältesten Geräte, die auf landwirtschaftliche Betätigung schließen lassen, hackenartige Werkzeuge, Reibsteine für Körner, Mörser und Sicheln, wurden in Palästina, an der Südküste der Türkei und am Zagrosgebirge gefunden. Noch hausten die Menschen in Höhlenunterständen, aber bald begannen sie, Häuser zu bauen, die sich zu Siedlungen zusammenfügten. Aufsehenerregend war die Entdeckung des alten Jericho, wo schon im 8. Jahrtausend v. Chr. auf einem Areal von 40 500 qm eine stadtähnliche Siedlung mit Lehmziegelhäusern, die von einem mächtigen Steinwall umschlossen war, bestanden hatte. Darunter liegen noch ältere Schichten. Die Funde machen deutlich, daß sich hier ein richtiges Gemeinwesen mit bäuerlicher Wirtschaft, Handwerk, Handel und Kult gebildet hatte.

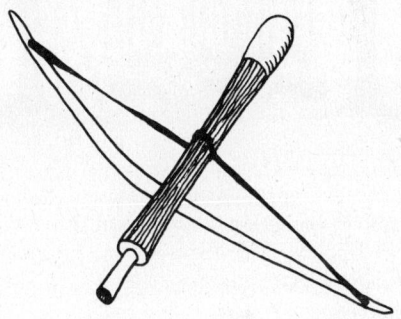

Fiedelbohrer. Die Bohrung mit Hohlstäben (Zapfenbohrung), z. B. mit Holunder, erleichterte die mühsame Arbeit

Die Jagd wurde mit Pfeil und Bogen betrieben. Mit der Erfindung dieser Fernwaffe dürfte die des Fiedelbohrers eng zusammenhängen, der es ermöglichte, Stein zu durchbohren. Steinbohrung und Steinschliff (in Jericho etwa ab 7000 v. Chr.) waren typisch für die Jungsteinzeit (Neolithikum), ebenso wie die sich etwas später entwickelnde Keramik.

Ein besonderer Glücksfall war die Entdeckung von Çatal Hüyük durch James Mellaart 1958 südlich von Konya in Anatolien, in einem der vielen Hüyüks (Hügel), die typisch für das Bild der Landschaft sind. Die ersten Siedler hatten hier einst fruchtbares

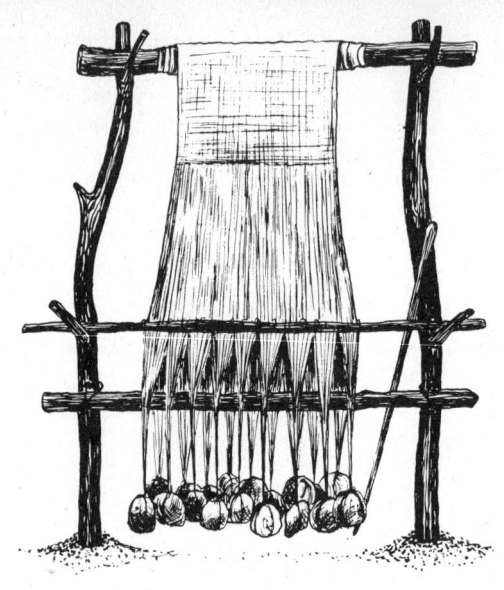

*Urform des Webstuhls
Nachbildung im Deutschen Museum München*

Schwemmland in einem Flußgebiet mit reichem Wildbestand vorgefunden und hatten ein Stadtgebilde errichtet. Eine Stadt ohne Straßen, in der ein Haus an das andere mit Fachwerk und Luftziegeln gebaut war, ungefähr 1000! Nur über die Dächer konnte man mit Leitern ins Innere der Häuser gelangen, die wie eine Festung aus der Ebene wuchsen. Çatal Hüyük hat von etwa 6500—5700 v. Chr. in mehreren Besiedlungsschichten bestanden. Die Grabungen, die erst einen kleinen Teil der innen verputzten und farbig bemalten Häuser, die z. T. Kultstätten waren, freilegen konnten, brachten überaus feingearbeitete Gegenstände zutage, die einer fortgeschrittenen Zivilisationsstufe angehören. Holzschnitzereien, feine Gewebe (es wurde ein Spinnwirtel gefunden, ein durchlochtes Gewicht zum Beschweren der Spindel), Korbwaren und geflochtene Matten, die erste gebrannte und polierte Keramik in wenigen

Spindel mit Schwungrad (Wirtel)

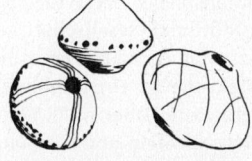

Spinnwirtel wurden aus Stein und Ton, später auch aus Glas hergestellt. Wirtel der Jungsteinzeit. Prähistorische Staatssammlung München

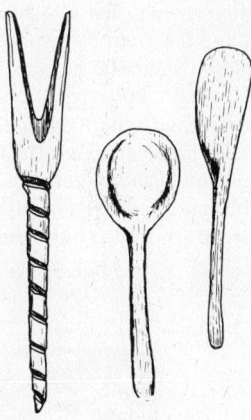

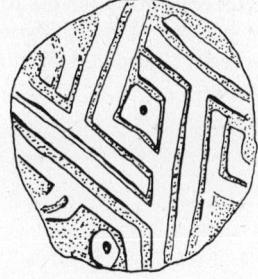

Unterseite eines der vielen gebrannten Tonsiegel aus Çatal Hüyük, die vermutlich zum Bedrucken von Stoff gebraucht wurden

Gabel und Löffel aus Çatal Hüyük, 6. Jt. v. Chr.

Keramikformen aus verschiedenen Schichten von Çatal Hüyük, 6. Jt. v. Chr.

21

Exemplaren, Siegel aus Ton, steinerne Lampen, Löffel, Kellen, Gabeln und viele Dinge für die Schönheitspflege wie Schminkspateln und Paletten, sorgfältig polierte Obsidianspiegel, verschiedene Kästchen und Schmuck waren für eine städtische Gesellschaft gemacht. Die vorzügliche Qualität aller Arbeiten läßt auf Fertigung durch spezialisierte Handwerker schließen, die in einer anderen Region der Stadt gelebt haben, deren Werkstätten aber noch nicht ausgegraben sind. Die vielen Kultstatuetten aus Stein und Ton und Malereien wurden von Künstlern geschaffen.

Die Menschen hatten hier auch schon die Metalle entdeckt und konnten seit 6400 v. Chr. Kupfer und Blei schmelzen.

Vierzehn kultivierte Pflanzenarten zeigen, welche Fortschritte die Landwirtschaft machte.

Die Häuser hatten meist mehrere Räume. Höfe lockerten die Anlage auf. Erhöht gebaute Plattformen an den Wänden waren Schlafplätze, die mit Matten und Decken belegt wurden. Darunter wurden im Boden auch die Toten beigesetzt.

Irdenware aus Hacilar (Anatolien), 6. Jt. v. Chr.
Hetjensmuseum Düsseldorf

Jedes Haus hatte eine Herdstelle und einen Backofen. Da es keine Kanalisation gab, kann man annehmen, daß die glühende Asche der Hygiene diente.

Çatal Hüyük ist eine von vielen ausgegrabenen Siedlungen der frühen Jungsteinzeit in Anatolien, Syrien, Palästina und am Zagrosgebirge, doch sie ist bis jetzt das einzige Beispiel für ein derart hochentwickeltes Stadtwesen. Noch besteht, nach dem heutigen

Stand der Forschung, bis zum Erscheinen der ersten städtischen Hochkulturen eine Lücke von über 2500 Jahren, die noch nicht durch Funde von ähnlichem Niveau überbrückt ist.

Einen einsamen Vorläufer der Städte gab es in Europa. Lepenski Vir hatte sich zwischen 5800 und 4800 v. Chr. an der Donau entwickelt, dort, wo sie heute die Grenze zwischen Jugoslawien und Rumänien bildet. Durch den Bau eines Kraftwerks wurde die Anlage entdeckt. Alle Funde konnten vor der Überflutung gerettet und an einem höher gelegenen Ort der Öffentlichkeit zugänglich gemacht werden. Auffallende trapezförmige Häusergrundrisse, viele Gegenstände der Kleinkunst, die durch Ritzmuster geschmückt sind, und die ersten monumentalen Bildwerke aus Geröllsandstein kennzeichnen diesen beachtlichen Fund. Ausflüge mit dem Schiff von Belgrad aus führen zu dem Stauwerk und dem alten Lepenski Vir.

Jungsteinzeit ab 5000 v. Chr.

Allmählich breitete sich die Bauernkultur auch in Europa und im Fernen Osten stärker aus. Aus wirtschaftlichen Gründen schlossen sich mehrere Sippen zu Siedlungsgemeinschaften zusammen und bauten feste Häuser. Die Siedlungen wurden nach Ausnutzung des Bodens verlegt, aber man kehrte, nachdem sich der Boden erholt hatte, wieder an die alten Plätze zurück. Es bildeten sich Kulturkreise, die in regen Handelsbeziehungen zueinander standen, die sich auch gegenseitig überlagert oder vermischt haben.

Neue Interessen erwachten und förderten die kulturelle Entwicklung.

Daneben blieben aber auch noch Jäger- und Sammlerkulturen über Tausende von Jahren bestehen, eigentlich bis heute, denn in allen Erdteilen haben sich weitab von den Industrielandschaften Jäger- und Nomadenvölker erhalten, wie z. B. Eskimos und Lappen. Man denke auch an die Naturvölker Afrikas, Südamerikas und Australiens, bei denen die Zeit auf Steinzeitstufe stehengeblieben ist. Die Buschmänner Südafrikas malen heute noch so wie die Künstler der Mittelsteinzeit!

Jägerei und Fischerei sind auch in der modernen Industriegesellschaft Erwerbszweige und Liebhaberei geblieben.

Man benannte die jungsteinzeitlichen Kulturkreise nach den bedeutendsten Fundgebieten, in Europa auch nach der Eigenart ihrer Keramik. In Mitteleuropa siedelten die Schöpfer der *Bandkeramik*; Östlich davon bildete sich in Tripolje bei Kiew ein weitstrahlendes Kulturzentrum, wo die einfallsreiche Keramik mit Bandspiralen mehrfarbig bemalt wurde.

Den Norden bevölkerten die *Trichterbecher*-Leute, in Mittel- und Norddeutschland lebten die *Schnurkeramiker*, die ihre Gefäße mit Abdrücken von Schnüren schmückten. Ihre besonderen Streitäxte lassen auf kriegerische Gesinnung schließen.

Der *Donauraum* war ebenfalls ein großes Kulturgebiet.

Von Westeuropa breitete sich die *Glockenbecherkultur* bis Mitteleuropa aus. Aus dem an Bodenschätzen und besonders Kupfer reichen Spanien wurden so auch die Kenntnisse der Kupferbearbeitung übermittelt.

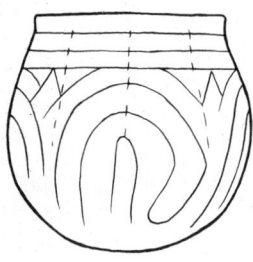

Gefäß der Linearbandkeramik aus Niederbayern. Frühe Jungsteinzeit. Prähistorische Staatssammlung München

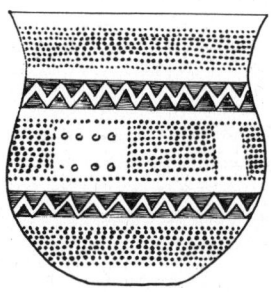

Glockenbecherkeramik der späten Jungsteinzeit. Prähistorische Staatssammlung München

In Mesopotamien folgten den frühen Vorläufern als wichtigste die *Hassuna-Kultur* am Tigris (5800—5000 v. Chr.) mit auffallend schöner, bemalter Keramik aus der Spätzeit, bekannt als »Samarra-Keramik«, die *Halaf-Kultur*, und im frühen 5. Jahrtausend v. Chr. am Unterlauf des Euphrat die *Obeid-Kultur*, die man als Wegbereiter der ersten Hochkultur in diesem Gebiet ansieht. Die Sumerer berichten über sie und über die Sintflutkatastrophe, die sich durch besonders starkes Hochwasser um 3700 v. Chr. hier ereignet hat.

Am *Nil* konnten die ersten seßhaften Kulturen im 5. Jahrtausend v. Chr. nachgewiesen werden, *Merimde* am Unterlauf, *Tasa* südlich von Assiut. Ebenfalls am Oberlauf des Flusses breitete sich die *Badari-Kultur* und um 3500 v. Chr. vor allem die *Naqada-Kultur* aus, die wahrscheinlich die Grundlage für das Alte Ägyptische Reich bildete.

Auch *Kreta* wurde in dieser Zeit besiedelt.

In *Indien* waren bäuerliche Kulturen Vorläufer der späteren Hochkulturen am Indus.

In *Nord- und Zentralchina* bestanden zwei dominierende ackerbauende Kulturen mit verschiedenartiger Keramik, die *Yang-shao-Kultur* (5.—3. Jahrtausend v. Chr.) und die *Lung-shan-Kultur* (3.—2. Jahrtausend v. Chr.), beide am Huang-ho.

Auf einem späten Gefäß der Yang-shao-Kultur sieht man zum ersten Mal ein Drachenmotiv! Während der Lung-shan-Zeit wurde schon manchmal die Töpferscheibe verwendet. Einige weiße, mit der Hand geformte Gefäße bestehen aus unreiner Porzellanerde!

Die *Japanischen Inseln* waren ursprünglich vom Festland aus besiedelt worden. Verschiedene Stufen der *Jomon-Kultur* kennzeichnen hier die Jungsteinzeit, in deren Verlauf der chinesische Einfluß immer stärker wurde.

Amerika war seit etwa 15 000 v. Chr. (?) nach und nach von kleinen Gruppen über die Beringstraße, die während der Eiszeit eine Landbrücke bildete, erreicht worden. Auch hier ging die Entwicklung ähnlich wie in der Alten Welt vor sich. Mit dem Seßhaftwerden entstanden sehr charakteristische Kulturkreise. Man schließt heute nicht aus, daß auch im Laufe der späteren Zeit wieder Impulse von China und Indien bis Amerika gelangt sind.

Hausgerät der Jungsteinzeit und der beginnenden Bronzezeit

Als am Ende des 4. Jahrtausends v. Chr. die ersten Hochkulturen entstanden, waren die Grundformen der meisten Hausgeräte und Gefäße entwickelt. Obwohl sie überall, für die gleichen menschlichen Bedürfnisse geschaffen, ähnlich sind, haben sie Eigenarten, die den Kulturkreis, aus dem sie stammen, erkennen lassen.

Das ist besonders gut an der *Keramik* abzulesen, die meist reichlich vorhanden war, denn seit dem Beginn der Jungsteinzeit wurde irdenes Geschirr zum wichtigsten Bestandteil des Hausrats. Viele Gegenstände aus vergänglichen Stoffen kann man nur vermuten, falls sie nicht durch glückliche Umstände konserviert worden sind, doch die Tongefäße überdauerten die Zeiten auch in tiefen Bodenschichten, und jede Scherbe gibt den Archäologen wertvolle Hinweise.

Von der technischen und künstlerischen Qualität der Keramik kann man auf das Niveau einer Kultur schließen, denn sie war Allgemeingut, und man kann Alter, Herkunft und Verwandtschaft mit anderen Kulturkreisen bestimmen.

Der leicht zu formende Ton bot sich den Menschen an, für alle Bedürfnisse des einfachen und verfeinerten Haushalts sinnvolle Gefäßtypen, die vom Inhalt, wie Wasser, Wein, Öl oder Getreidevorräten bestimmt wurden, zu entwickeln. Flaschen, Kannen und Krüge, Töpfe zum Kochen, Eimer, Kessel, Becher, Tassen und Schüsseln waren, vielfältig gestaltet, überall in Gebrauch. Die Gefäße wurden zuerst aus Tonwülsten gebaut. Daß der Scherben im Feuer hart und haltbar wird, war sicher eine Zufallsentdeckung. Die Erfindung der Drehscheibe um 3200 v. Chr. ermöglichte dann eine schnellere Herstellung des Geschirrs. Der Schmuck, bedeutungsvolle Ornamente, Pflanzen-, Tier- und Menschendarstellungen, wurde eingetieft, aufgesetzt, geritzt oder ein- und mehrfarbig gemalt. Im 4. Jahrtausend v. Chr. verwendete man auch schon Glasuren.

Wir bewundern vollendete Formgebung und Dekor selbst bei den frühesten Gefäßen.

Die für Keramik, edle Formen und Glasuren besonders begabten Chinesen beschäftigten sich von Anfang an mit der Verfeinerung des Scherbens, bis ihnen die kultivierteste Keramik, das Porzellan, glückte.

Graburne des Pan-shan Typs aus der Provinz Kansu. Jungsteinzeitliche Yang-shao-Kultur, China, 2. Jt. v. Chr. Staatliches Museum für Völkerkunde München

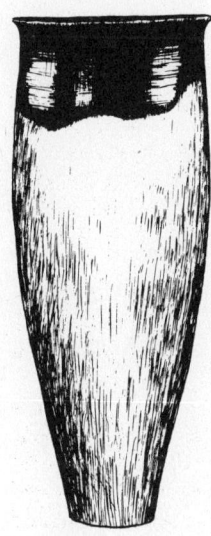

Tongefäß der Naqada-Kultur um 3200 v. Chr., fein poliert, Rand schwarz geschmaucht. Ägyptisches Museum Berlin

Schüssel aus Ton mit geometrischer Malerei

Die irdenen Gefäße dienten auch dem Totenkult. Viele blieben sogar unzerbrochen in Gräbern erhalten, wo sie für die Reise ins Jenseits mit Speisen und Getränken gefüllt den Toten mitgegeben worden waren.

Bei Verbrennungen setzte man die Asche in tönernen Urnen bei.

Tonbehälter waren sehr geeignet, um Dokumente aufzubewahren, wie der spektakuläre Fund von Bibeltexten aus dem 2. und

1. vorchristlichen Jahrhundert, nördlich vom Toten Meer im Wadi Qumram, 1947 zeigte.

Metall- und Glasgefäße wurden in ihrer Frühzeit zuerst den Keramikformen nachgebildet, bis man materialgerechte Formen fand, und andererseits ließen sich die Töpfer auch immer wieder einmal von den typischen Metallformen inspirieren.

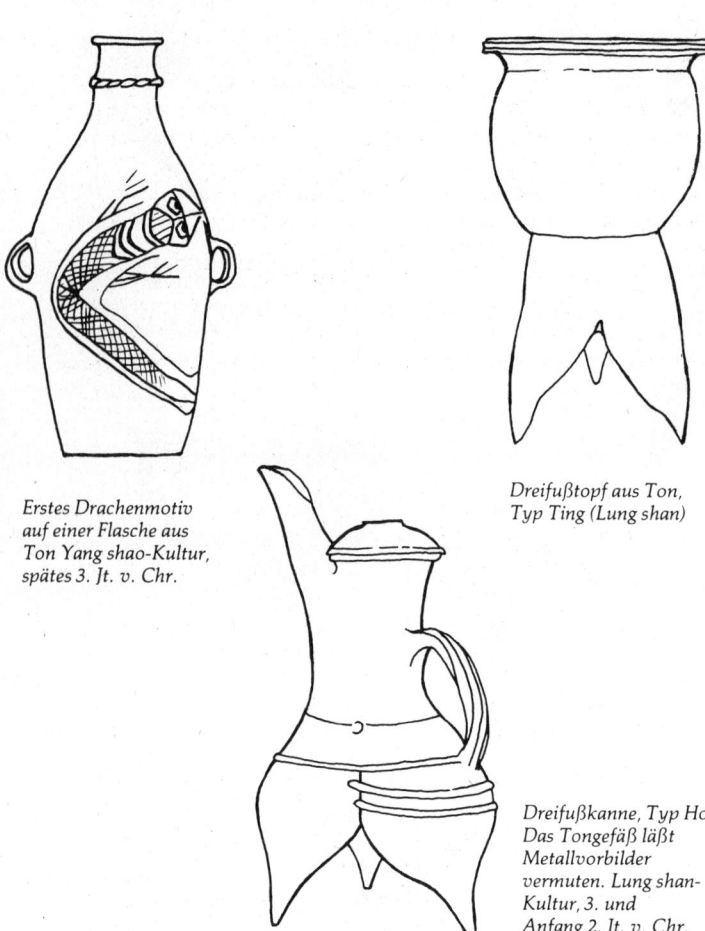

Erstes Drachenmotiv auf einer Flasche aus Ton Yang shao-Kultur, spätes 3. Jt. v. Chr.

Dreifußtopf aus Ton, Typ Ting (Lung shan)

Dreifußkanne, Typ Ho. Das Tongefäß läßt Metallvorbilder vermuten. Lung shan-Kultur, 3. und Anfang 2. Jt. v. Chr.

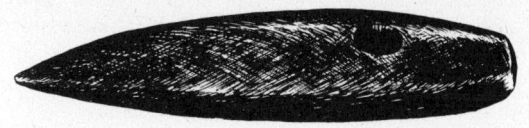

Geschliffener schuhleistenförmiger, durchbohrter Steinkeil der frühen und mittleren Jungsteinzeit. Prähistorische Staatssammlung München

Aus *Stein* waren überall noch die Geräte, die einer starken Beanspruchung ausgesetzt waren, wie Mahlsteine, Mörser und Stößel, Beile, Hacken, Sicheln, Messer und Waffenspitzen. Man staunt immer wieder über die feine Bearbeitung, die mit einfachsten Mitteln und sehr viel Geduld ausgeführt wurde. Besondere Liebe für den Stein hatten die Handwerker im Vorderen Orient und in Ägypten. Schon die Träger der Naqada-Kultur am Nil stellten neben den Tongefäßen für den täglichen Gebrauch auch wunderbare, oft ganz dünnwandig geschliffene Gefäße aus verschiedenen Gesteinsarten her. Wunderschön sind ihre Schminktafeln aus Stein in Rhombenform und spätere in Tierformen.

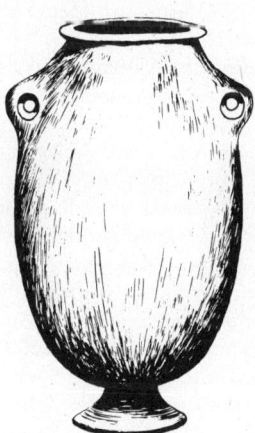

Steingefäß der älteren Naqada-Kultur, um 3500 v. Chr. Ägyptisches Museum Berlin

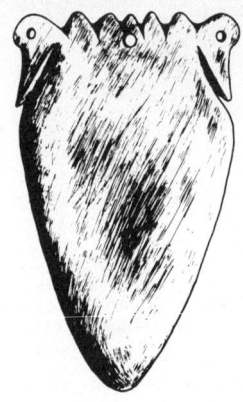

Schminktafeln aus Grauwacke, Naqada-Kultur. Ägyptisches Museum Berlin

In waldreichen Gegenden wurde viel *Holz* verarbeitet für Löffel, Quirle, Kellen, Messergriffe, Gefäße, Kästen und Kämme. Auch aus *Knochen* stellte man Löffel, Griffe und Kämme her, außerdem Nadeln und Pfrieme.

Zum Essen nahm man aber eher ausgehöhltes Brot oder Fladen und die Finger zu Hilfe als die Löffel.

Um die Häuser wohnlich zu machen, wurden aus heimischen *Pflanzenfasern* Matten geflochten und aus *Wolle* Teppiche und Decken gewebt. Zur Zeit der frühen Hochkulturen gehörten auch schon einige Möbel aus Holz oder Rohr zum Hausrat und verschiedene kleine Behältnisse zum Aufbewahren der Habe. Körbe und Beutel, vielleicht aus Leder, sind wohl immer vorauszusetzen.

Das *Spinnen* mit Spindel und Wirtel ist eine sehr alte Tätigkeit der Frauen, die heute noch in dieser Weise in vielen südlichen Gegenden auf dem Land ausgeübt wird.

Die *Technik des Webens* war überall ähnlich, nur die Materialien unterschieden sich. Schafwolle und Leinen gab es in Europa und im Orient, Leinwand war in Ägypten seit der Mitte des 4. Jahrtausends bekannt. Baumwollarten wurden in Mittelamerika verarbeitet, Lamawolle und Alpacawolle in den Anden Südamerikas. In China soll, der Legende nach, Seide seit 2600 v. Chr. versponnen und verwebt worden sein. Der früheste Nachweis chinesischer Seidengewebe stammt jedoch erst aus der Zeit um 1240 v. Chr. Die Seidenraupenzucht lag in den Händen der Frauen.

Als *Beleuchtungsmittel* waren Kienspan (harzreiches Kiefernholz) und Fackeln in Gebrauch, und auch das offene Herdfeuer gab Licht. Hinzu trat die Öllampe, die im Prinzip schon von den späteiszeitlichen Höhlenmalern erfunden worden war.

Die erste bekannte Lampe für Öl ist eine über 1 m hohe Steinsäule, oben mit einer Vertiefung für das Ölgefäß mit dem Docht. Sie stammt aus Ägypten aus der Zeit um 2500 v. Chr. Dabei ist zu bedenken, daß Öl in den südlichen Ländern auch wichtiges Nahrungsmittel war und sicher nicht immer unbeschränkt für Lampen zur Verfügung stand.

Wenn es die Jahreszeit erforderte, wurde mit Kohlebecken geheizt.

Die *Schönheitspflege* begann mit Farbe und Kamm, dazu kam der Spiegel. Die ursprünglich kultische Bedeutung der Bemalung ist im Laufe der Jahrtausende der reinen Verschönerung gewichen, die allerdings auch ein Kult sein kann.

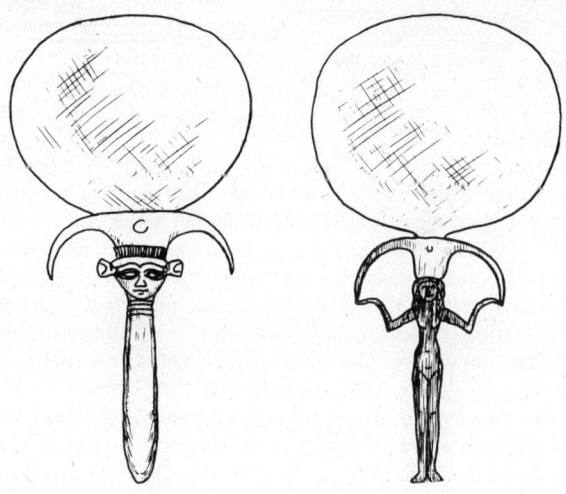

Spiegel waren aus hochpolierter Bronze oder Silber. Gute Stücke hatten wertvolle Griffe aus Metallen, Stein, Elfenbein. Neues Reich und Spätzeit. Ägyptisches Museum Berlin

Noch zur Zeit der frühen orientalischen Reiche läßt die Bemalung, die vor allem die Augen kunstvoll vergrößerte (»Magisches Auge«), den kultischen Hintergrund erkennen. Es ist natürlich, daß die Menschen dafür feingearbeitete Geräte verwendeten. Die frühesten Spiegel waren polierter Obsidian, spätere fertigte man aus Bronze. Salbgefäße gab es aus Stein, Fayence, mit der Zeit auch aus Glas.

Aus Ägypten stammen zierliche Löffel und Griffel für die Schminke, Farbpaletten und Toilettekästchen.

*Löffel zum Salben und Schminken aus Holz.
Mittleres und Neues Reich. Ägyptisches Museum Berlin*

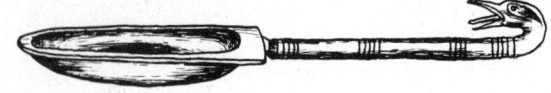

Verschieden geformte Kämme aus Bein und Holz, meistens durch Schnitzereien verziert, waren überall gebräuchlich.

Die *Metalle* Gold, Silber und Kupfer wurden, gediegen gefunden, schon im 5. Jahrtausend v. Chr. allgemein kalt zu Schmuck verarbeitet. In Anatolien jedoch, in Çatal Hüyük, konnte man Kupfer um 6000 v. Chr. schmelzen. Demzufolge begann im Vorderen Orient die Kupferzeit um 4000 v. Chr. Der Stein behielt aber weiter seine Bedeutung.

Durch Spielen mit dem Feuer, im wahrsten Sinne des Wortes, und Probieren mit verschiedenen Materialien bei höheren Temperaturen, die durch Sauerstoffzufuhr mittels Blasrohr erreicht wurden, gelang in Ägypten im 4. Jahrtausend v. Chr. eine zinnhaltige Fayenceglasur. Die beliebte grüne Farbe gewann man aus kupferhaltigem Malachit. Verunreinigungen durch Quarzsand und Zusatz von Soda zur Erleichterung des Schmelzens ließen bei der Kupfergewinnung als schönstes Nebenprodukt zum ersten Mal Glas entstehen. Aber erst um 1500 v. Chr. erschien in Ägypten eine sehr eigenwillige Glaskunst.

Das wichtigste Produkt bei der Erforschung der Metallurgie war die Verbindung von Kupfer und Zinn, *die Bronze.*

Seit etwa 2500 v. Chr. gewann die Bronze immer größere Bedeutung. Sie löste nach und nach, zuerst im Alten Orient, den Stein ab. Anfangs wurden noch Stein- und Keramikformen nachgeahmt, doch dann entwickelte man eigene, materialgerechte Formen, die wiederum später manchmal den Töpfern und Steinschleifern Vorbild waren.

In China trat mit der Shang-Dynastie eine vollendete Bronzetechnik auf, deren Vorläufer noch nicht gefunden sind; nur die Formen der bronzenen Ritualgefäße sind im tönernen Hausgeschirr der chinesischen Steinzeitkulturen wiederzuerkennen. In den amerikanischen Kulturen blieb der Stein trotz Kenntnis der Bronze und großartiger Beherrschung der Edelmetallbearbeitung das wichtigste Material für die Herstellung stark beanspruchter Geräte.

Die Bronze war nicht allein den Hochkulturen vorbehalten. Die Kenntnisse von Herstellung und Verarbeitungsmöglichkeiten wie Gießen, Schlagen mit dem Holzhammer und Treiben, breiteten sich über die vielen Handelswege in alle Richtungen aus, und besonders die europäischen Kulturkreise brachten während der Bronzezeit im Norden (etwa 1800—800 v. Chr.) meisterhafte Arbeiten hervor.

Bronzeschöpfer mit Hebelgriff
der späten Urnenfelderzeit, 750 v. Chr., Niederbayern.
Prähistorische Staatssammlung München

Die Hochkulturen

Um die Mitte des 4. Jahrtausends v. Chr. begannen sich die ersten Hochkulturen zu bilden. Wahrscheinlich trieben Klimaänderung, Austrocknung vormals fruchtbarer Gebiete und Zunahme der Bevölkerung ganze Volksstämme oder Teile davon zur Wanderung in Flußgebiete mit Schwemmland oder in besonders regenreiche Gegenden, wo meist auch schon vorher steinzeitliche Kulturen existiert hatten. Dort mußten auf begrenztem Raum viele Menschen untergebracht und erhalten werden. Das Problem war nur durch den Städtebau zu lösen, der seit der Zeit an mehreren Stellen der Erde unter ähnlichen Bedingungen einsetzte. Damit wurde eine bis heute bestehende und sich ständig ausweitende Zivilisationsstruktur erreicht.

Das Leben in der Stadt ist etwas völlig anderes als das Leben der Bauern, Hirten und Jäger. In der engen Gemeinschaft differenzierte sich die Gesellschaft. Es entstanden neue Berufe, die auf die Bedürfnisse der Gemeinschaft bezogen sind, wie Lehrer, Ärzte, Beamte, die wichtigen Schreiber und Siegelschneider, Handwerker, Kunsthandwerker, Bildhauer, Architekten, Soldaten und vor allem Priester, die in den meisten frühen Reichen die führende Oberschicht stellten. Ihr Oberhaupt war oft auch Stadtfürst. Könige genossen göttliche Verehrung. Die Städte hatten Staatscharakter. Ihr Expansionsdrang machte aus ihnen in harten Kriegen Großreiche, die auch wieder untergingen im Ansturm stärkerer, aufstrebender Nachbarn oder neuer Einwanderer, die dann von dem höheren Niveau der Besiegten profitierten.

Das Leben in den Städten funktionierte schon in den frühesten Zeiten hervorragend. Regulierung der Hochwasser, Vorrichtungen zum Sammeln des Regenwassers, Bewässerungsanlagen für das umliegende, versorgende Land und riesige Getreidespeicher sicherten der Stadtbevölkerung die Ernährung. Hygienische Einrichtungen wie Kanalisation, öffentliche Bäder und Abortanlagen waren meist selbstverständlich. Auch die Häusergrundrisse lassen vielfach auf gewissen Wohnkomfort schließen. Entsprechend verfeinerten sich die Ansprüche, zumindest eines Teils der Stadtbewohner.

Es bestand aber immer ein großer Unterschied zwischen den Haushaltungen der herrschenden Oberschicht und denen der Bevölkerung. Die wundervollen, aus kostbaren Materialien gearbei-

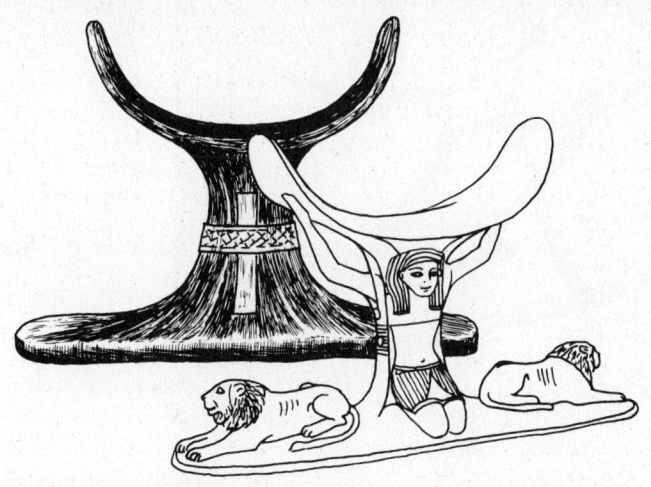

Kopfstützen für den Pharao wurden aus Fayence, Glas, auch aus Elfenbein gearbeitet. Amarnazeit. Kairo, Ägyptisches Museum

teten Geräte und Gefäße waren dem König, den Priestern und hohen Beamten vorbehalten, doch haben in jeder Zeit, bis in unser 19. Jahrhundert hinein, vor allem die Fürstenhäuser stilbildend gewirkt. Sie hatten die Möglichkeit, die besten Handwerker heranzuziehen und ihren Bedarf an Geräten für Hofhaltung und Kult aus Gold, Silber, Bronze, Fayence, Glas, Porzellan und Edelsteinen, Elfenbein, Bernstein und edlen Hölzern schaffen zu lassen. Die Arbeiten für die Fürsten waren Vorbild für die Formen und die Vielfalt des einfachen Hausrats aus weniger wertvollen Materialien.

Glas und Porzellan sind heute z. T. billigstes Allgemeingut geworden. In ihrer Frühzeit waren sie nur für den Herrscher und die Priester bestimmt. Das Glas erlebte in Ägypten im 15. Jahrhundert v. Chr., während der Regierungszeit Thutmosis III., seine erste Blütezeit und wurde wie Edelstein geschätzt. Pharaonen und Priester hüteten sorgsam das Geheimnis der Entstehung der vielen kleinen, leuchtend farbigen opaken, in Sandkerntechnik hergestellten Salben- und Ölgefäße. Mit der 21. Dynastie erlosch um 970 v. Chr. auch die Glaskunst. Rezepte zur Glasherstellung fanden sich schon auf babylonischen Keilschrifttafeln aus dem 17. Jahrhundert v. Chr. und später auf Tafeln aus der Bibliothek des assyrischen

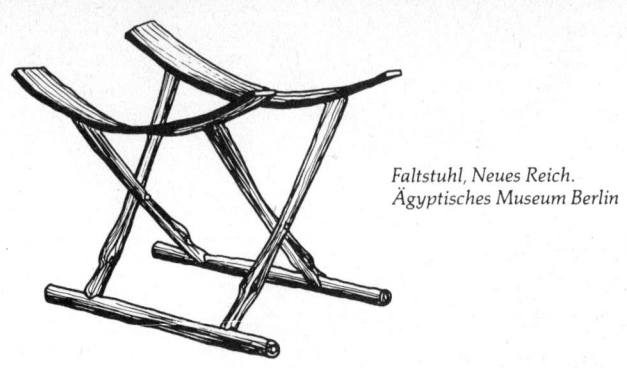

*Faltstuhl, Neues Reich.
Ägyptisches Museum Berlin*

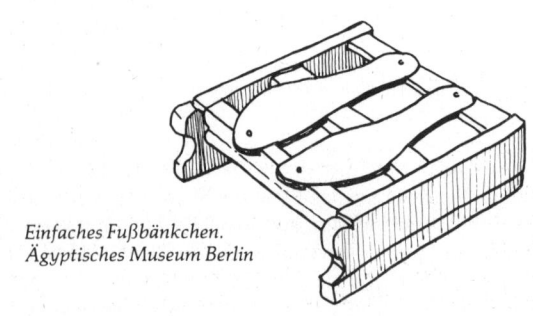

*Einfaches Fußbänkchen.
Ägyptisches Museum Berlin*

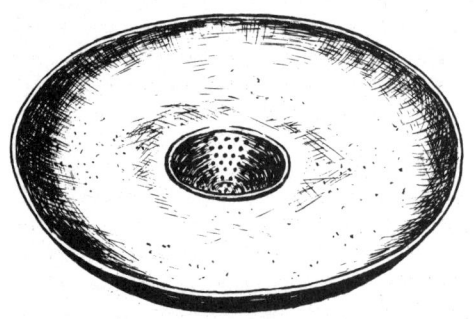

*Biersieb aus dem Grabe
des Tutenchamun.
Holz und Kupfer*

Herrschers Assurbanipal, der im 7. Jahrhundert v. Chr. regierte. Erst viel später, im 1. Jahrhundert v. Chr., wurde in Syrien, das zu der Zeit zum Römischen Weltreich gehörte, das Glasblasen erfunden, das diesem schönen Werkstoff erst voll gerecht wurde und alle seine Möglichkeiten erschloß.

Krateriskos aus durchscheinendem Glas mit mehrfarbigem Girlandenmuster. Höhe 8,8 cm, Ägypten, 18. Dynastie.

Durch präzise Beobachtung der Natur, besonders des Himmels und der Gestirne, erwarben sich die Menschen hervorragende mathematische und astronomische Kenntnisse. Sie entwickelten Kalendersysteme, nutzten den wandernden Schatten für Sonnenuhren und das stetig in ein Gefäß mit Wandeinteilung oder aus einem Gefäß tropfende Wasser zum Messen der Zeit. Maße und Gewichte waren in allen Hochkulturen in Gebrauch. Rollsiegel, Petschafte und Schreibutensilien zeugen fast überall von der Wichtigkeit der Amtshandlungen und dem Bedürfnis, sich mitzuteilen.

Begründer der frühesten Hochkultur waren die *Sumerer*, die von Osten kommend um 3500 v. Chr. in Südmesopotamien, wo Euphrat und Tigris durch fruchtbares Schwemmland fließen, einwanderten. Hier entstanden um 3000 v. Chr. die Städte Kisch und Uruk. Die Sumerer schufen Gesetze und eine Religion und entwickelten ein perfektes, straffes Staatswesen mit Stadtfürsten an der Spitze, die zugleich Priesterkönige waren. Sie erfanden die erste Schrift, und ihre fleißigen Schreiber ritzten mit spitzen Rohrgriffeln in feuchte Tontäfelchen alles über ihre Geschichte, ihre Wirtschaft, Politik, über ihren Alltag und ihre Dichtung ein. Damit begann im Vorderen Orient die historische Zeit!

Rollsiegel wurden zuerst in Sumer verwendet

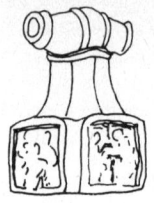

Hethitisches Siegel

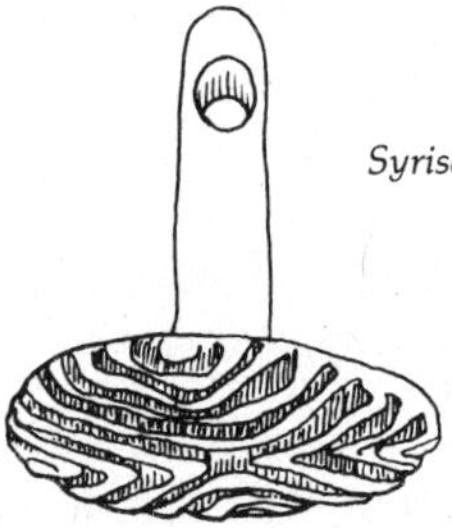

Syrisches Siegel, Mitte 2. Jt.

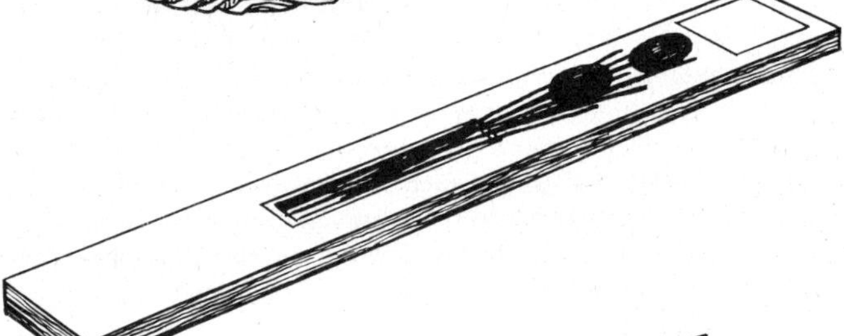

Schreibzeug, Neues Reich. Die angesehenen ägyptischen Schreiber trugen ihre Utensilien auch über die Schulter gehängt bei sich

Keilschriftgriffel und Abdruck

Abdruck eines indischen Stempelsiegels aus Speckstein. Mohendscho Daro, um 3000 v. Chr.

Die Schrift wurde später zur Keilschrift abstrahiert und mit kantigen Griffeln in den Ton eingedrückt.

Das Reich Sumer verfiel nach wechselvoller Geschichte ungefähr um 1800 v. Chr., trotzdem blieb es Vorbild für die nachfolgenden Völker. Assyrer, Babylonier und Hethiter haben das Erbe weitergegeben, so daß es über Palästina, Syrien und die Vermittlung Griechenlands auch zur Formung des Abendlands beigetragen hat.

In *Ägypten* verschmolz Ende des 4. Jahrtausends v. Chr. ein aus den Steinzeitkulturen hervorgegangenes oberägyptisches Reich allmählich mit unterägyptischen Kulturen. Mit der Gründung der 1. Dynastie 2950 v. Chr. begann die Frühzeit des *Ägyptischen Reiches*. Die Hauptstadt der ersten Pharaonen wurde Memphis. Um diese Zeit entwickelte sich eine Hieroglyphenschrift, die mit Rohrgriffeln auf Papyrus geschrieben wurde.

Ägypten war ein wichtiger Partner in der Einheit des »Alten Orients«. Es erreichte seine größte Ausdehnung während der »Amarna-Zeit« im Neuen Reich (18. Dynastie 1570—1358 v. Chr.).

Auf der Insel *Kreta* begann um die Mitte des 3. Jahrtausends v. Chr. das *Minoische Reich* zu entstehen, das mehrere Blütezeiten während der frühen, der mittleren und der spätminoischen Zeit erlebte. Die Ruinen von Knossos, Mallia, Phaistos, Hagia Triada und vor allem die Malereien an den erhaltenen Wänden, qualitätvolle Keramik (auch tönerne, bemalte Badewannen gab es) und Geräte

*Schnabeltassenform,
griechisches Festland, frühhelladisch,
um 2000 v. Chr.*

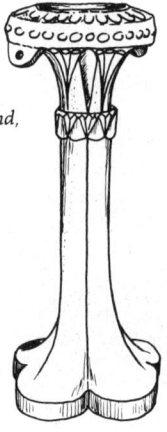

*Steinerne Lampe,
ein Papyrusbündel darstellend,
Knossos*

*Tasse der besonders feinen
»Kamaresware«.
Mittelminoisch, Kreta,
2. Jt. v. Chr.*

lassen die verfeinerte Lebensweise der Oberschicht ahnen. Die Minoer benutzten anfangs eine Bilderschrift, später eine Linearschrift.

Im 15. Jahrhundert v. Chr. gewann die in enger Beziehung zu Kreta stehende, festländische *mykenische Kultur* die Vorherrschaft im ägäischen Raum.

Am *Indus* wurden die Grundmauern, z. T. auch Häuserfronten, der schachbrettartig angelegten Städte der *Harappa-Kultur*, Mohenjo Daro, Lothal, Harappa u. a., ausgegraben, die von 2500 bis 1800 v. Chr. bestanden hat. Bemerkenswert ist, daß die Häuser aus gebrannten Lehmziegeln gebaut waren und mit ihren sanitären Einrichtungen einen besseren Eindruck machen als viele Häuser im neuzeitlichen Indien.

In *China* erschien die erste Hochkultur um 1600 v. Chr. Nach der sagenhaften Hsia-Dynastie (etwa 2100—1600 v. Chr.) regierte von 1600—1100 v. Chr. die Shang-Dynastie in Nordost-Honan, mit dem heutigen Cheng-chou als Hauptstadt. Eine Zeichenschrift wurde von den Priestern in Orakelknochen eingeritzt.

Die erste Hochkultur in *Mittelamerika* war die der Olmeken (1500 v. Chr. bis Zw.), die alle nachfolgenden Kulturen beeinflußt hat. Zu der Zeit waren eine Hieroglyphenschrift und ein Kalendersystem in Gebrauch, Wissenschaften und Kunst standen auf hohem Niveau. Bekannte Städte waren La Venta am Golf von Mexiko und später Teotihuacan.

Steigbügelgefäßform der Mochica-Kultur, 300—600 n. Chr., Nordküste Perus

Feine Tongefäße der Tiahuanaco-Kultur. Staatliches Museum für Völkerkunde München

Fischgefäß der Tiahuanaco-Kultur, 500—800 n. Chr., Nazca-Region, Süd-Peru. Staatliches Museum für Völkerkunde München

Silberne Gefäße der Inkazeit. Staatliches Museum für Völkerkunde München

Hundegefäß aus Colima, Westmexiko. Klassische Periode. Um Jahrtausendwende bis ca. 900 n. Chr. Privatbesitz

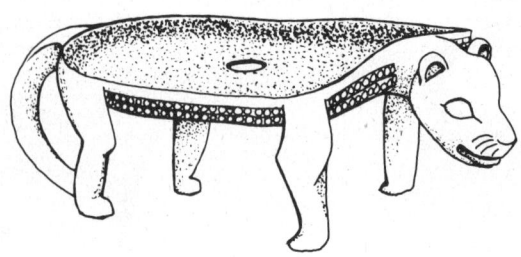

Reibstein in Jaguargestalt aus Costa Rica. Staatliches Museum für Völkerkunde München

Die Vor-Inka-Kulturen in *Südamerika* zu erfassen ist schwerer, da die Inka sich bemüht haben, jede Erinnerung an ihre Vorgänger auszulöschen. Trotzdem wurden einige bedeutende Kulturen greifbar, wie die der *Mochika* und der *Nazca* bis 1000 n. Chr. und das *Reich der Chimú* mit der Hauptstadt Chan-Chan, das 1466 n. Chr. von den Inka erobert wurde. Alle Kulturen zeichnen sich durch eigenwillige Keramik und hervorragende Edelmetallbearbeitung aus.

Die Hochkulturen der *Maya* und *Azteken* in Mittelamerika und der *Inka* in den Regenwaldgebieten der Anden waren die Vollender der großen eigenständigen Entwicklung. Die Blütezeit des Neuen Mayareichs begann nach 1000 n. Chr., erst 1325 n. Chr. wurde die Aztekenstadt Tenochtitlan im See von Mexiko gegründet und im 13. Jahrhundert n. Chr. Cuzco, die Hauptstadt der Inka, hoch in den Anden. Wenige eigene Schriften der Maya und Azteken, gemalt auf Papier aus den Fasern des wilden Feigenbaumes oder auf Pergament, sind erhalten geblieben, doch spanische Augenzeugen berichteten von den herrlichen Städten.

Während die amerikanischen Hochkulturen von den spanischen Eroberern im 16. Jahrhundert n. Chr. völlig ausgelöscht wurden und die fremdartige Europäisierung ein lähmender Schock für die Bevölkerung war, der nur langsam einer neuen Entwicklung wich, folgten den frühen Reichen der anderen Erdteile in ständigem Ringen um Lebensraum und Macht neue Völker und Herrscherhäuser, die oft von der höheren Kultur der Besiegten lernten.

In *Indien* und *China* entstanden, ungeachtet vieler Einflüsse von außen, Kriegen und mehreren Fremdherrschaften, ganz eigenständige Kulturen, die weit über ihre Grenzen ausgestrahlt haben, später wiederholt bis Europa.

Die japanische Kultur, in ihrer Frühzeit von der chinesischen bestimmt, hat sich sehr spezifisch in strenger Isolation entwickelt.

Der *Alte Orient* bestand aus vielen eigenwilligen Staaten, die durch rege diplomatische, wirtschaftliche und sehr oft kriegerische Beziehungen miteinander verflochten waren, die sich aber auch

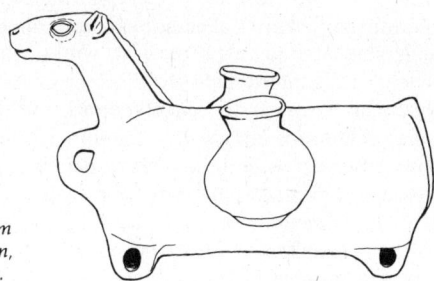

Kleines fahrbares Gefäß aus Ton in Form eines Lasttieres. Syrien, Mitte des 2. Jt. v. Chr.

gegenseitig kulturell angeregt haben. Die großartige Geschichte, die uns in schriftlichen Dokumenten auf Tausenden von Tontafeln der Sumerer, Babylonier, Assyrer und Hethiter und auf den Papyri der Ägypter überliefert ist, ging zu Ende durch innere Zwiespältigkeiten und das Vordringen der indogermanischen *Perser* (Iraner), die 612 v. Chr. die mächtige Residenz der assyrischen Großkönige, Ninive, eroberten und ein Riesenreich, das auch Ägypten einschloß, vom Indus bis ans Mittelmeer errichteten.

Es ist interessant, daß die schrecklichen Kriege, schwerwiegende Umwälzungen und tyrannische Regierungen in der Alten Welt wohl immer wieder Rückschläge brachten, aber die kulturelle, soziale und sittliche Weiterbildung der Menschen nicht aufgehalten haben. Die großen, immer wieder durch Klimaveränderung und Bevölkerungsüberschuß ausgelösten Wanderungen, wie auch die der *Indogermanen* ab 2000 v. Chr. nach Indien (Arier/Iran = Land der Arier), Kleinasien (Hethiter) und Europa und die der sogenannten Seevölker (um 1200 v. Chr.) brachten zwar Unruhe und Spannungen und führten zu Völkervermischungen, die sich aber auf längere Sicht positiv ausgewirkt haben.

Trotz Krisenzeiten entstanden herrliche Kunstwerke und Handwerksarbeiten. Es wurden Erfindungen gemacht, die Wissenschaften entwickelten sich, der Handel blühte, und es wurden Gesetze erlassen, die, wie die der Hethiter, schon sehr human sind.

Beginn der Eisenzeit

Um 2000 v. Chr. wurde in Afrika schon *Eisen* geschmolzen. Seit der Mitte des 2. Jahrtausends v. Chr. war im Osten Kleinasiens die Eisenverhüttung bekannt, aber die Bedeutung dieses neuen Materials, das widerstandsfähiger als Bronze ist, wurde von den damals dort herrschenden Hethitern nicht richtig eingeschätzt. Erst nach ihrem Untergang im Ansturm der Seevölker nach 1200 v. Chr., die wahrscheinlich schon mit Eisenwaffen kämpften, wurde das Eisen, das bis heute einer der wichtigsten Wirtschaftsfaktoren geblieben ist, voll genutzt und verdrängte nach und nach die Bronze, zunächst bei der Waffenherstellung, später auch teilweise beim Hausgerät.

In Mitteleuropa traten die *Kelten*, eine Gruppe sprachverwandter indogermanischer Gemeinschaften, mit ihrer vorzüglichen Beherrschung der Waffenschmiede in den Vordergrund. Sie besaßen reiche Eisenerzvorkommen in den Gebieten nördlich der *Antiken Welt*.

Die *Chinesen* begannen nach 800 v. Chr. mit der Eisenverarbeitung. Als ausgezeichnete Bronzegußtechniker haben sie jedoch auch das Eisen nicht geschmiedet, sondern haben schon im 5. Jahrhundert v. Chr. den Stahlguß entwickelt. In Europa wurde diese Technik erst 1800 Jahre später angewendet.

Antike – Griechenland

Zu Beginn der Älteren Eisenzeit bekam der Mittelmeerraum immer größere Bedeutung. Als Folge der indogermanischen Wanderung und Völkerverschiebung, wozu auch die Dorische Wanderung (1200—1000 v. Chr.) gehörte, war die kretisch-mykenische Kultur untergegangen. Um 1200 übernahmen die syrischen Phöniker den Mittelmeerhandel. Homer nannte diese großen Seefahrer erstmals Phoinikes nach der Farbe aus der Purpurschnecke, mit der sie vor allem handelten. Außerdem vertrieben sie Waren aus dem Orient, Gläser, Metallarbeiten, Stoffe, Elfenbein, Gewürze und vieles mehr im ganzen Mittelmeerraum. Sie kolonisierten in Spanien und gründeten 1100 v. Chr. Gades (Cadiz) und 814 v. Chr. Karthago an der afrikanischen Mittelmeerküste. Der wichtige Zinnhandel mit Cornwall in England wurde von ihnen erschlossen.

Als Konkurrenz traten im 8. Jahrhundert v. Chr. griechische Stadtstaaten auf, Athen, Megara, Korinth, Sparta und Milet an der kleinasiatischen Küste, in Ionien. Sie waren aus den Küstenkolonien indogermanischer Einwanderer hervorgegangen und kolonisierten, um ihren Bevölkerungsüberschuß unterzubringen und neue Absatzmärkte zu erschließen, von etwa 750—550 v. Chr. in Italien, Frankreich, am Schwarzen Meer und an der kleinasiatischen Küste. Trotz der verschiedenen Ausgangsstädte entstand bei den Griechen im fremden Land dadurch ein gesamtgriechisches Empfinden, das die Grundlage für eine gemeinwirtschaftliche Kultur wurde. Schon früh zeigte sich eine Veränderung ihrer Stadtstaatsform, die sich von der der altorientalischen Reiche unterschied, die Tendenz zur Mitbestimmung der Bürger, zur Demokratie, die bis heute trotz Rückschlägen in der Welt wirksam geblieben ist.

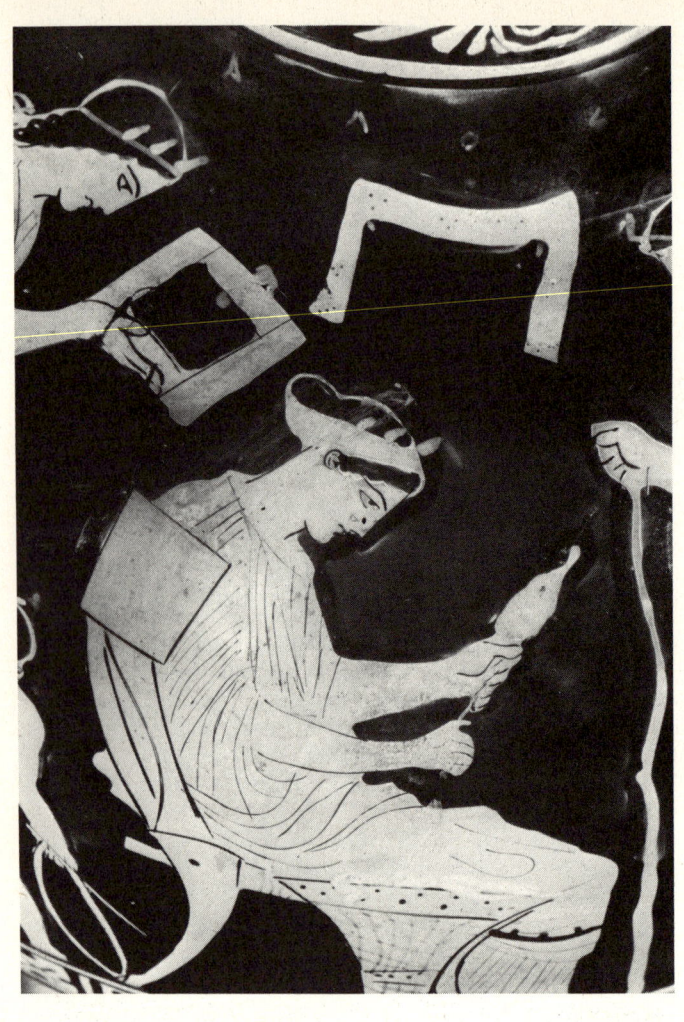

Das Vasenbild zeigt eine Frau mit Spinnrocken und Wollkorb, Griechenland, um 440 v. Chr. Staatliche Antikensammlungen München

Kleisthenes stürzte 510 v. Chr. in Athen die Tyrannis. Seine Reformen führten zur ersten Demokratie. Im 5. Jahrhundert v. Chr. setzte sich besonders Perikles für ihre Weiterentwicklung ein.

Die griechische Kultur breitete sich durch ihre geistige Überlegenheit, unterstützt von dem lebhaften Handel mit guter Ware, vor allem Keramik, im ganzen Mittelmeerraum aus. Sie beeinflußte besonders die um 1000 v. Chr. in Italien eingewanderten Etrusker und über sie die Römer, die 750 v. Chr. mit der Gründung der Stadt Rom (von etruskisch Gens Ruma) in das Licht der Geschichte traten und Bewunderer griechischer Kultur und Kunst wurden. Selbst die Perser, die mit den Griechen in ständiger Fehde lagen, ließen sich von deren Kultur anregen.

Den größten Einfluß aber bekam das Griechentum durch die gewaltigen Eroberungszüge Alexanders des Großen bis zum Indus und seine und seiner Nachfolger Städtegründungen an vielen exponierten Plätzen. Die dominierende griechische Kultur und Lebensart prägte in dieser Zeit des *Hellenismus* die Kulturen der orientalischen Völker.

Als Alexander mit 33 Jahren 323 v. Chr. in Babylon starb, fiel das Weltreich, das er in dreizehn Jahren errichtet hatte, auseinander. Das Römische Reich wurde das neue Weltreich, das eine griechische Position nach der anderen bis zum Euphrat eroberte. 145 v. Chr. gehörten die berühmten Städte des griechischen Mutterlandes zur römischen Provinz Macedonia. Die griechische Kultur aber ging nicht unter. Sie strahlte bis in den Fernen Osten aus und hat durch die Vermittlung der Römer nachhaltig den Westen, das Abendland, beeinflußt.

Über das griechische Hauswesen ist bei Homer einiges zu erfahren. Nach ihm wurde alles im Hause selbst hergestellt. Odysseus war stolz darauf, Möbel machen zu können, und die Beschreibung, wie er sein Bett gebaut hatte, nahm Penelope die letzten Zweifel an seiner Identität, als er endlich heimgekehrt war. Normalerweise besorgten Sklaven, die zur Hausgemeinschaft gehörten, solche Arbeiten. Den Frauen oblag die Sorge für die Kleidung, das Spinnen mit Spindel und Wirtel, wie man es heutzutage noch in südlichen Ländern beobachten kann, und das Weben. Seit dem 5. Jahrhundert v. Chr. gab es in Athen Bäckereien, und man konnte Brot kaufen. Wasserleitungen, öffentliche Bäder in den Städten und Bäder in wohlhabenden Häusern waren selbstverständlich.

Die Grundformen der Hausgeräte haben sich ihrer Funktion nach nicht verändert, aber natürlich sind sie nach griechischen

Vorstellungen gearbeitet und dekoriert worden. Es wurden Bronze, Eisen und Edelmetalle, Holz, Keramik, Glas, Leder und Geflechte aus Naturfasern verwendet.

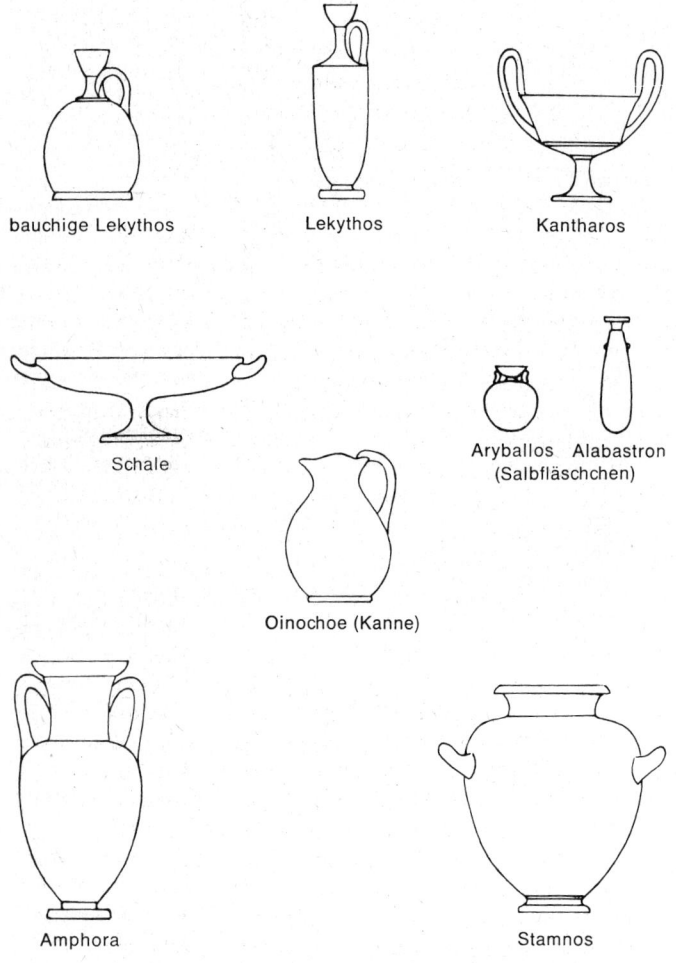

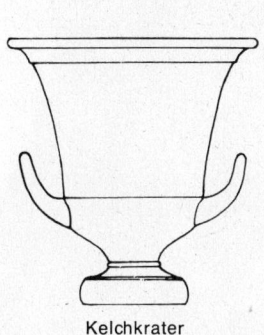
Kelchkrater

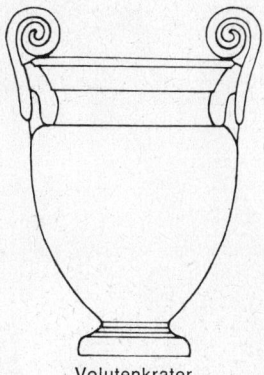
Volutenkrater

Vieles ist im Original nicht erhalten geblieben, doch Tongefäße wurden in Mengen gefunden, zerbrochen, aber auch unzerstört. Die griechische Keramik stellt einen künstlerischen Höhepunkt dar. Sie fußt auf der alten Tradition der Schöpfer der »Urfirnis«-Keramik an den Küsten der Ägäis, die die minoische Kultur zum Vorbild hatten.

Besonders aufschlußreich ist die Bemalung. Nicht nur, weil sie oft mit hinreißender Meisterschaft im Einklang mit der schönen Form auf die Gefäße gebracht ist, sondern auch weil sie alles darstellt, was für die Griechen Bedeutung hatte und sie bewegte, seien es religiöse, mythologische Themen oder ganz persönliche Anliegen. Sie gibt die wichtigsten Hinweise auf das Leben der Griechen, ihre Kleidung, Haartracht, Möbel, die Geräte, mit denen sie täglich umgingen, und ihre Musikinstrumente.

Viele der herrlichen Gefäße, von bekannten Meistern bemalt, mit Inschriften versehen und oft signiert, waren nicht für den Gebrauch bestimmt. Sie dienten dem Kult als Weihgaben und wurden den Toten mitgegeben oder den Lebenden bei Wettkämpfen als Siegerpreis überreicht.

Der Typ der Gefäße und der Inhalt der Malerei richteten sich nach dem Verwendungszweck. Auch jedes Ornament hatte eine tiefe Bedeutung.

Die frühesten Gefäße, ab 800 v. Chr. etwa, sind mit geometrischen Mustern überzogen, die von Friesen mit menschlichen Figu-

Herakles fegt zornig das Trinkgerät des Meergreises Nereus mit dessen Dreizack ins Meer, weil dieser ihm die Auskunft über den Weg zu den Gärten der Hesperiden verweigert hatte. Malerei auf einer attischen Amphora um 500/490 v. Chr. Staatliche Antikensammlungen München

Diener neben einem Geräteständer. Detail einer Malerei des Euphronius auf einem Krater, attisch, um 510/500 v. Chr. Staatliche Antikensammlungen München

◁ *Herakles, den Weinbecher (Kantharos) in der Hand, auf einer Kline gelagert, wird von Athena besucht. Auf einem Speisetischchen sieht man Gebäck, herabhängende Fleischstücke und einige Geräte. Eine Arbeit des Lysippides-Malers auf einer attischen Amphora um 510 v. Chr. Staatliche Antikensammlungen München*

ren und Tieren unterbrochen sein können. Die Darstellung verliert in späterer Zeit ihre Strenge. Im 7. Jahrhundert v. Chr. brachten orientalische Einflüsse Tiere, Sphingen, Sirenen, geflügelte dämonische Wesen und bewegte Ornamente in den Dekor.

Die schwarzfigurige Malerei, die im 7. Jahrhundert v. Chr. begann, erreichte seit der Mitte des 6. Jahrhunderts v. Chr. in Athen höchste künstlerische und technische Vollendung. (Die Griechen kennen nur das Wort techne = Können.) Einer ihrer größten Meister war der Maler Exekias. Um diese Zeit trat die Töpferkunst Athens in den Vordergrund und begann die erfolgreiche korinthische und ostgriechische beim großen Handelsgeschäft mit dem Westen zu verdrängen. Nachdem im 7. Jahrhundert v. Chr. in Lydien die ersten Geldstücke geprägt worden waren, gab es jetzt statt der Tauschwaren klingende Münze.

Das 5. Jahrhundert v. Chr. brachte eine neue Auffassung der Menschendarstellung. Die rotfigurigen Vasen der klassischen Zeit zeigen beseelte Bilder individueller Menschen. Wundervoll sind die weißen Lekythen (Salbölflaschen) mit zartgemalten Szenen um den Verstorbenen.

Die vielen Funde sind dem Umstand zu verdanken, daß die Griechen in Italien und die Etrusker die schönen Gefäße sehr sorgfältig behandelt und sie meistens den Toten mitgegeben haben. Die Römer liebten und sammelten griechische Kunstwerke und Vasen.

Ausgesprochenes Gebrauchsgut war einfacher, derber, nicht immer bemalt und, wenn es nicht Wassergefäße waren, innen gefirnißt.

Antike – Rom

Die Geschichte des römischen Weltreichs zeigt noch einmal besonders deutlich den Werdegang einer Hochkultur von der Stadt zum Großreich bis zum Untergang. Sie ist für uns durch schriftliche Überlieferungen und reiche Funde zu verfolgen.

Aus dem Zusammenschluß von Siedlungen der Latiner und Sabiner entstand 750 v. Chr. die Stadt Rom (etruskisch Gens Ruma), die in jahrhundertelangen Kämpfen die Stämme Italiens und die griechischen Kolonien unterwarf, bis im 3. Jahrhundert v. Chr. ihre Herrschaft in Italien gesichert war. Die Etrusker, deren vom Griechentum beeinflußte Kultur sehr intensiv auf die der Römer eingewirkt hat, gingen im 3. Jahrhundert v. Chr. im Römischen Reich auf, bekamen aber erst 88 v. Chr. das römische Bürgerrecht.

Große Unruhe und Schrecken brachten immer wieder die Einfälle der Kelten, auch Gallier genannt, vom Norden in die antike Welt (Gallierkatastrophe 387 v. Chr. und Niederlage Roms — »Vae victis«: Wehe den Besiegten!). Sie waren durch reichen Eisenerzbesitz und vorzügliche Waffen gefährliche Gegner geworden, obwohl sie keinen Staat bildeten. Sie waren die Träger der Eisenzeit in Europa, die nach den reichsten Fundorten Hallstattzeit = ältere Eisenzeit und La Tène-Zeit = jüngere Eisenzeit genannt wird. Die vielen Funde in Bayern, in der Schweiz, in Frankreich und England

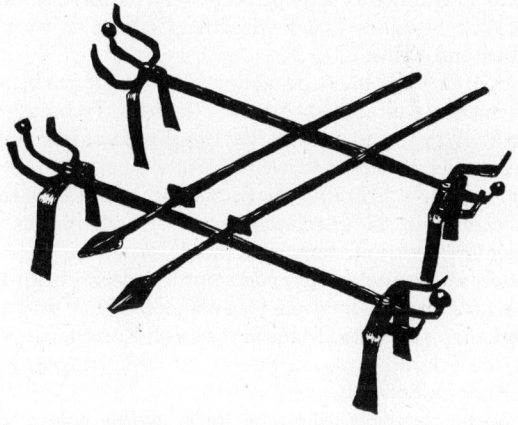

Feuerböcke und Bratspieße aus dem noch kostbaren Eisen. Frühe Hallstattzeit um 600 v. Chr. Fundort Beilngries. Prähistorische Staatssammlung München

zeugen von ihrer hochstehenden Kultur und Schönheitsliebe. Die Kelten unterlagen schließlich den Römern. Caesar eroberte Gallien 58—51 v. Chr. und setzte nach Britannien über. Noch heute ist die keltische Sprache in der Bretagne, in Irland und Schottland erhalten geblieben.

Rom beherrschte zu dieser Zeit schon das Mittelmeer. Griechenlands berühmte Städte gehörten seit 145 v. Chr. zur römischen Provinz Macedonia.

Am 15. 3. 44 v. Chr. (Iden des März) wurde Caesar ermordet, kurz nachdem er Diktator auf Lebenszeit geworden war. Mit seinem Großneffen Oktavian (63 v. Chr. bis 14 n. Chr.), der den Ehrennamen Augustus erhielt, begann im Jahre 27 v. Chr. die Kaiserzeit, in deren Verlauf das Imperium seine größte Ausdehnung erreichte, bis es 395 n. Chr. in ein Oströmisches und ein Weströmisches Reich geteilt wurde. 476 n. Chr. erlag das schwache Weströmische Reich dem Ansturm der Germanen.

In die Zeit des Augustus fiel Christi Geburt. Das später entstehende und zunächst grausam verfolgte Christentum wurde 391 in Rom zur Staatsreligion erklärt. Schon 337 hatte sich Konstantin der Große auf dem Sterbebett taufen lassen.

Die Römer entfalteten den höchsten Stand der Zivilisation in der antiken Welt, bewundert auch von ihren Gegnern im Norden, den Germanen und Kelten.

Sie hatten eine besondere Begabung, alles, was ihnen bemerkenswert erschien an Kulturellem, Wirtschaftlichem, Technischem, von anderen Volksgruppen, die dem Reich angegliedert wurden, aufzunehmen, zu verarbeiten und weiterzuentwickeln für ihre geistige Bildung, den Fortschritt und die Bequemlichkeit des täglichen Lebens. Sie pflegten die griechische Form der Bildung, liebten die Kunst der Griechen und sammelten ihre Kunstwerke. Viele griechische Vasen sind in Italien gefunden worden, denn die kostbarsten Stücke wurden bevorzugt den Toten mitgegeben und sind auf diese Weise erhalten geblieben. Manche römische Kopie eines Standbildes hat die Schönheit des vielleicht verlorengegangenen griechischen Originals bewahrt.

Das hochentwickelte römische Recht wurde später von den europäischen Völkern übernommen und hat heute noch Bedeutung.

Die genialen Techniker schufen Aquädukte, bewunderte Bauwerke, vollendeter noch als die der Griechen, die das Wasser für die Städte weit über das Land leiteten. Rom hatte acht Wasserleitungen von den umliegenden Gebirgen. Oft bestimmte eine Heilquelle, wo eine Stadt entstehen sollte, denn die öffentlichen Bäder, die phantastischen Thermen, die die griechischen an Luxus und Raffinesse weit übertrafen, gehörten zum täglichen Leben. Ihr Bau erreichte im 3. Jahrhundert n. Chr. seinen Höhepunkt. Auch in den reichen Häusern gab es, ähnlich wie in den Thermen, Heizanlagen mit Hohlräumen unter dem Fußboden (Hypocausten) und Warmluftzirkulation durch die Hohlziegel der Wände. Sprechrohrleitungen, die auf dieser Technik basierten, waren in den Palästen angelegt.

In einfacheren Haushalten wurde gewöhnlich, wenn nötig, mit Kohlebecken geheizt, doch kannte man auch kleine Öfen, die wie Durchlauferhitzer funktionierten, also Wasser miterwärmten. Ohne solche Erfindungen hätten sich die Römer nicht 500 Jahre im kühlen Mitteleuropa festsetzen und anscheinend recht wohl fühlen können.

Römischer Ofen mit Wassererwarmer.
Neapel, Museo Nazionale

Die Häuser waren, im Gegensatz zu denen der Germanen, aus Stein oder Ziegel, aus Raumnot in Stockwerken gebaut. Im 2. Jahrhundert v. Chr. war der Zement erfunden worden!

Über römische Haushalte und den Alltag der Bürger sind wir gut unterrichtet. Viele großartige Bauten auch im eigenen Land (Porta Nigra und Kaiserthermen in Trier) und Funde von Kunstwerken und täglich im Beruf oder im Haushalt benutzten Gegenständen lassen das Leben der Zeit erstehen. Die berühmten Grenzstädte wie Köln und Regensburg waren nicht nur Festungen, sondern Schauplätze eines besonders bewegten Lebens mit regem Handels- und Geschäftstreiben, Vergnügungen und Theater.

Die Handwerksbetriebe hatten reichlich zu tun für Römer und Germanen. Man war an feines Kunsthandwerk gewöhnt.

Um den Bedarf der alltäglichen Gebrauchsware in dem Riesenreich zu befriedigen, begann in der Kaiserzeit eine gelenkte Wirtschaft und eine richtige Industrialisierung an geeigneten Plätzen, wo die benötigten Rohstoffe in reichem Maße vorhanden waren. Keramikwaren und Gläser wurden in Mengen versandt. Ihre Formen ähnelten sich überall, ganz gleich, aus welcher Produktionsstätte sie stammten.

Terra sigillata-Geschirr aus Westerndorf bei Rosenheim, wo es auch hergestellt wurde. 2./3. Jh. n. Chr. Prähistorische Staatssammlung München

Die beliebte rote Keramik, oft mit Reliefdekor und glänzendgebrannt, nach dem Töpfersiegel »Terra sigillata« genannt, wurde nicht nur an ihrem Ursprungsort Arezzo bei Florenz (seit dem 1. Jahrhundert v. Chr.) hergestellt, sondern auch in Gallien, auf der Insel Samos und in anderen Gegenden. Öllämpchen entstanden in Formen und konnten auf die Weise schnell fabriziert werden.

Durch die Erfindung des Glasblasens mit der Glasmacherpfeife Ende des 1. Jahrhunderts v. Chr. in Syrien war eine ganz neue Verarbeitung des schönen Materials möglich. Hauchdünn geblasen und mit zartem Fadendekor versehen, konnte man kunstvolle Gebilde entstehen lassen und, meist in Formen geblasen, kräftigeres

Gläsernes Zwillingsbalsamar mit feinem Fadendekor. Syrien, 4. Jh. n. Chr.

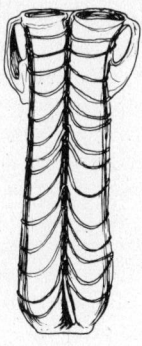

In die Form geblasene Gläser: Henkelflasche und Napf, 1.—2. Jh. n. Chr.; dahinter Delphinflasche, 3.—4. Jh. n. Chr. Staatliche Kunstsammlungen Kassel

Gläser mit »Kölner Schnörkel«, 3.—4. Jh. n. Chr. Das Römisch-Germanische Museum in Köln besitzt ein siebenteiliges Trinkservice.

Gebrauchsglas. Um die Gläser besser verpacken zu können, wurden sie auch in viereckige Formen geblasen. Das Glas wurde ein starker Konkurrent für die Keramik. Überall, wo die Bedingungen günstig waren, wurde Glasindustrie angesiedelt. Sehr günstig waren die Bedingungen in Köln, durch das Vorkommen reinen Quarzsandes in der Umgebung. Die Soda wurde aus der Mittelmeergegend geliefert. In der großen Kölner Manufaktur entstanden auch viele Luxusgläser, darunter die für Köln typischen Schlangenfadengläser und die wundervollen, von einem unterschliffenen Netzdekor umgebenen Diatretgläser, die wahrscheinlich in dem größten Zentrum der Luxusgläser, Alexandria, vorgefertigt wurden.

Die Römer schätzten das Glas, und da sie gerne tranken, benötigten die Wohlhabenden ganze Service verschiedener Trinkgläser. Das alltägliche Geschirr war die Terra sigillata. Großen Luxus trieb man bei den beliebten Festessen, die Köstlichkeiten für den Gaumen und das Auge zu bieten hatten. Jeder Gast bekam außerdem ein Geschenk, eine feine Salbe, ein Parfüm, in einem originellen Behälter, der in seiner Form eine Anspielung sein konnte. Wie bei den Griechen nahm man das Essen liegend ein, und die Tische mit den Speisen wurden an die Liegemöbel herangerückt.

Römisches Bonzegestelltischchen, 2./3. Jh. Prähistorische Staatssammlung München

Römisches Silbergeschirr, Anfang 3. Jh. n. Chr. Tellerdurchmesser 30 cm. Fundort Manching, Ldkr. Pfaffenhofen. Prähistorische Staatssammlung München

Man hatte wenige Möbel. Tische, Stühle, Liegen und Truhen der Wohlhabenden konnten luxuriös verziert sein. Da in Italien das Holz eine Kostbarkeit geworden war, wurde für die Möbelherstellung auch Bronze und Stein verwendet. In einfacheren Häusern wird man sich mit gemauerten Schlafstätten begnügt haben. Für die kühle Jahreszeit gab es Wärmflaschen.

Jedes Haus hatte Kultnischen oder Schreine zum Aufstellen kleiner Bronzestatuetten, Abbildungen der Laren und Penaten, der göttlichen Beschützer des Hauswesens. Wandbemalungen und wunderbare Fußbodenmosaiken konnten sich nur sehr reiche Römer leisten.

In den Küchen sah es zumeist einfach aus. Die Herdstelle war auf dem Boden ummauert, die Geräte, Töpfe, Kannen und Geschirr bewahrte man in Wandnischen und auf Holzregalen.

Der Beleuchtung dienten Öllampen und Kerzen, die auf Kandelaber, Kronleuchter und die vielen verschiedenen kleineren Leuch-

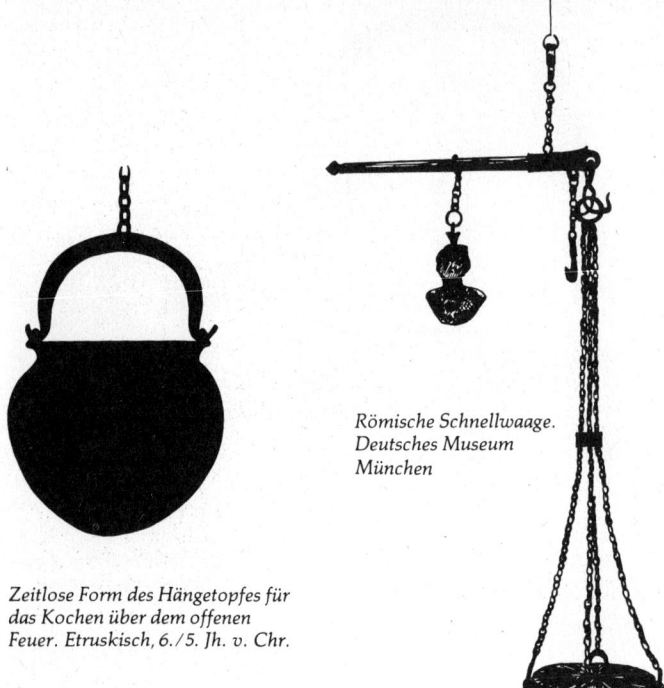

*Römische Schnellwaage.
Deutsches Museum
München*

*Zeitlose Form des Hängetopfes für
das Kochen über dem offenen
Feuer. Etruskisch, 6./5. Jh. v. Chr.*

ter aus Bronze, Keramik oder Holz gehängt, gestellt und gesteckt wurden.

Die Schönheitspflege war auch bei den Römern groß geschrieben. Nicht nur das Baden gehörte dazu. Man brauchte blankpolierte Metallspiegel in allen Größen und Formen und Salben, Schminke, Essenzen und Duftwasser in zierlichen Gefäßen, Schminkpaletten, Pinzetten und Haarnadeln für die bewundernswerten Frisuren.

Wenn auch die römischen Gewänder nicht in unserem Sinne geschneidert wurden, so mußten doch manche Nähte, Säume und Dekorationen genäht werden, und in jedem Haushalt gab es Fingerhüte und eine Auswahl von Nähnadeln. In den Städten wurde

Drei römische Eimer aus Stein (links), Bronze und Ton, 3./4. Jh., Fundorte Widdersberg, Neuburg, Hartmannshofen. Prähistorische Staatssammlung München

Kästchen aus Bronzeblech. Römisch, 2. Jh. n. Chr. Länge 13,3 cm. Fundort Wehringen, Ldkr. Augsburg. Prähistorische Staatssammlung München

Zweischnauzige Öllampe (Aufsicht) aus Griechenland

Lichthäuschen, einem griechischen Tempel nachgebildet. Ägypten, frühes 3. Jh. n. Chr. Ägyptisches Museum Berlin

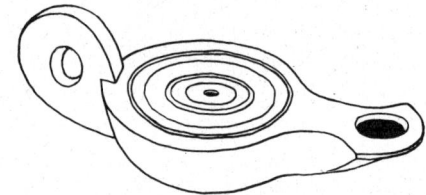
Einfache römische Öllampe aus Ton oder Bronze

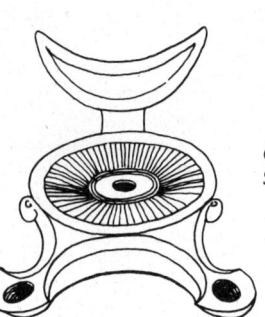
Öllampe, römisch, 1./2. Jh. n. Chr. Staatl. Antikensammlungen München

Öllampe als Satyrgesicht

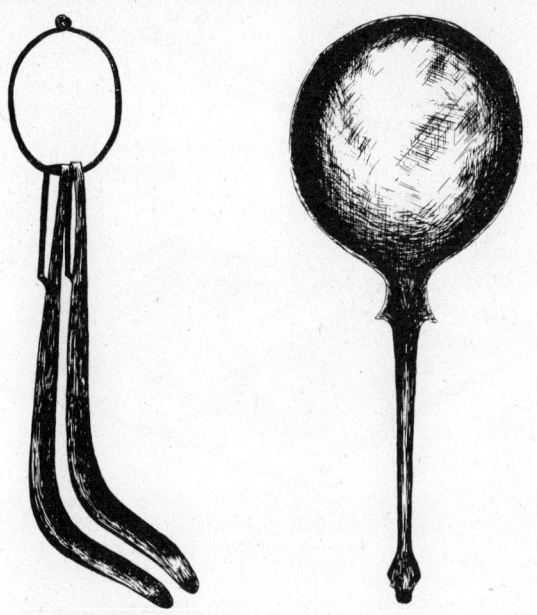

Links: Bronzene Strigiles dienten den Griechen und Römern zum Abschaben des Öls beim Baden. Man trug sie zusammen mit dem Ölfläschchen am Handgelenk. Griechenland, 4. Jh. v. Chr. Staatliche Antikensammlungen München
Rechts: Antike Handspiegelform um 500 v. Chr. Neben Hand- und Standspiegeln benutzte man auch Klappspiegel aus Bronze

kaum selbst gesponnen und gewebt. Man bezog die Stoffe vom Händler.

Schreiben gehörte zur Bildung. Man schrieb gewöhnlich mit spitzen, schön verzierten Bronzegriffeln (Stilus) auf Wachs- oder Bleitäfelchen, die in Holzrahmen eingelegt waren, seltener mit Bronzefedern und Tinte auf kostbarem Pergament und Papyrus. Zylinderförmige und rundliche Tintengefäße waren aus Bronze oder Ton. Die kostbaren Schreibgeräte bewahrte man in Büchsen auf.

Da das gesamte Reich auch durch ein ausgezeichnetes Straßennetz zusammengehalten wurde, waren nicht nur Soldaten und Händler unterwegs. Auch Privatleute fanden Vergnügen am *Rei-*

*Fingerhut und Nadeln.
Römisch-Germanisches Museum Köln*

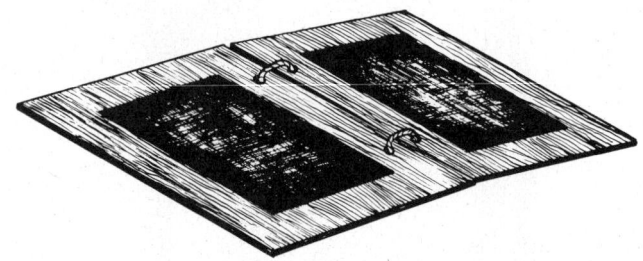

*Zusammengebundene Schreibtafeln mit Wachseinlage
sieht man auf Malereien der Zeit*

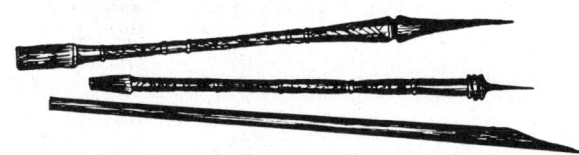

*Stilus und Feder. Mit dem flachen Stilusende
wurde das Wachs geglättet*

sen in der Pferdekutsche. In den Stationen unterwegs wurde man versorgt. Die Römer waren jederzeit interessiert, die Wasser- und Sonnenuhren weiterzuentwickeln. Schon 450 v. Chr. benutzten die Griechen Wasseruhren, um die Redezeit zu begrenzen. In der Mitte des 2. Jahrhunderts v. Chr. hatte Rom seine erste Wasseruhr. Sonnenuhren gab es schon früher, und 25 v. Chr. erfand man tragbare.

Der »Turm der Winde«, in Athen 52 v. Chr. errichtet, vereint Sonnenuhr und Wasseruhr und ist von einer Windfahne bekrönt. Die Kraft des Wassers trieb schon im 1. Jahrhundert v. Chr. in Kleinasien Getreidemühlen an, und am Ende der Kaiserzeit standen Wassermühlen am Tiber.

Als neuer Werkstoff ist um 50 v. Chr. das Messing belegt. Manche Erfindung der Griechen und Römer war ihrer Zeit voraus wie z. B. Kolbenpumpe und Druckpumpe im 3. und 2. Jahrhundert v. Chr., doch es fehlte damals die Notwendigkeit der Nutzung. So blieb es bei genialen Denkanstößen für die Nachwelt.

Ebenbürtig dem Römischen Reich und etwa zur gleichen Zeit hatte sich im Fernen Osten China unter der Han-Dynastie (206 v. Chr. bis 220 n. Chr.) zu einem mächtigen Reich entwickelt.

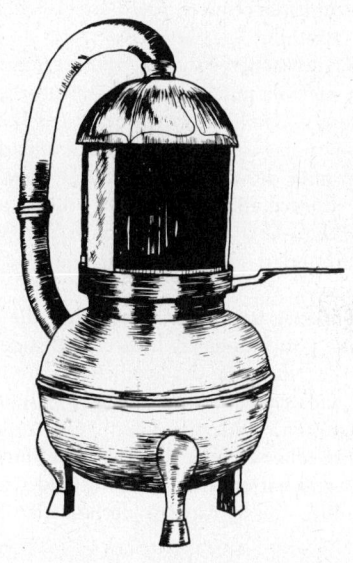

Bronzene Lampe aus dem Grab des Prinzen Liu Shêng (155—113 v. Chr.) Han-Dynastie. Beim Regulieren des Lichts wird der Rauch durch den hohlen Griff in den Bauch des Gefäßes geleitet. Ausstellung »Archäologische Funde der Volksrepublik China«

Der Beginn Europas – Frühmittelalter

Der Untergang des Weströmischen Reiches um 476 n. Chr. ging mit langen schweren Kämpfen zwischen den aggressiven Germanen und den demoralisierten römischen Truppen einher, die aber schließlich doch zu einem gemeinsamen Neubeginn führten. Das Oströmische oder Byzantinische Reich orientierte sich nach Osten und wurde zum christlichen Bollwerk des Abendlandes gegen den Ansturm der Perser, Türken und Araber. Dadurch konnten sich die europäischen Völker entwickeln. 481 gründete der Merowinger Chlodwig auf dem ehemals römischen Territorium im Norden das Reich der Franken, das zum mächtigsten Germanenreich wurde. Chlodwig ließ sich 496 taufen!

Die Kontakte zwischen Römern und Germanen an Rhein und Donau waren niemals nur kriegerischer Natur gewesen, trotzdem hatte die römische Zivilisation während des langen Nebeneinanderlebens kaum in das Land der Nachbarn vordringen können. Da die Germanen aber der römischen Kultur Bewunderung, ja Ehrfurcht, entgegenbrachten, ging sie nicht unter und konnte als Vorbild weiterwirken. Aber es dauerte nach den Verwüstungen des Krieges einige hundert Jahre, ehe sich eine Aufwärtsentwicklung zeigte.

Großen Verdienst hatten in dieser Zeit die Mönche des 529 durch Benedikt von Nursia in Italien gegründeten Benediktinerordens an der Verbesserung der ärmlichen Verhältnisse im Germanenland. Ihre Klöster wurden die einzigen Kulturzellen. Sie unterhielten Werkstätten, förderten Handwerk und Kunsthandwerk, pflegten die römischen Überlieferungen und hüteten die erhaltenen Texte der Wissenschaften und Dichtung und wertvolle technische Anleitungen. Ihre Missionsarbeit verhalf der Kirche zu großer Macht.

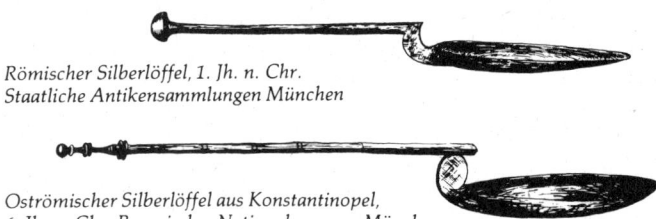

Römischer Silberlöffel, 1. Jh. n. Chr.
Staatliche Antikensammlungen München

Oströmischer Silberlöffel aus Konstantinopel,
6. Jh. n. Chr. Bayerisches Nationalmuseum München

*Leuchter, Syrien, 6. Jh.
Bayerisches National-
museum München*

Von dem Hausrat und der persönlichen Habe der Bevölkerung aus dieser kargen Zeit ist kaum etwas erhalten, es müssen aber die Grundformen des Hausgeräts in bescheidenem Umfang vorausgesetzt werden, wie gedrechselte und geböttcherte Gefäße und Tongeschirr, Bratspieße, Pfannen und Töpfe, die über das Feuer gehängt wurden, aus Bronze oder Eisen. Vom 5.—7. Jahrhundert wurden auch noch nach römischer Tradition, aber doch mit germanischem Empfinden, Gläser hergestellt. Diese »Fränkischen Gläser« stammen wahrscheinlich aus ehemals römischen Hütten im Rheinland. Da die Soda aus dem Mittelmeerraum unerreichbar geworden war, mußte Pottasche aus heimischer Pflanzenasche verwendet werden. Das Glas ist daher nicht mehr so makellos rein wie das römische, aber die Formen sind reizvoll. Im Zuge der zunehmenden Christianisierung wurde die Herstellung solcher Gefäße, die auch dem heidnischen Gräberkult dienten, eingestellt. Später nahmen die Klöster die Glasproduktion wieder auf, vor allem Kloster Tegernsee seit dem 10. Jahrhundert die Herstellung von Fen-

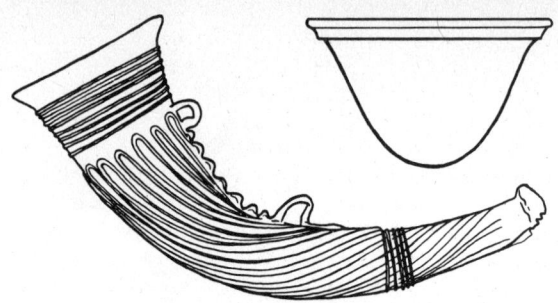

Tierhörner zählen zu den Urformen der Trinkgefäße. Gläsernes Horn mit Fadenauflagen und Tummler, ein Glas, das sich durch seinen verdickten Boden immer wieder »taumelnd« aufrichtet. Fränkisch, 6./7. Jh.

sterglas. Die Beleuchtung der Räume blieb unverändert. Öllampen wurden vor allem in den Mittelmeerländern und im Orient verwendet, sonst Kienspan, Fackeln, mit Talg gefüllte flache Tonschalen, oder Kerzen, die auf Leuchter aus Holz und Bronze gesteckt wurden. Bienenwachs gab es nur für Kirchen und reiche Häuser.

Die Tischsitten waren sehr einfach. Die Vornehmen kannten Tischtücher. Das Fleisch wurde bei Tisch mit dem Kurzschwert zerteilt, und man aß mit den Fingern. Langsam setzte es sich aber durch, das Fleisch kleingeschnitten auf den Tisch zu bringen und mit kleineren Messern aufgespießt zum Munde zu führen, denn die Gabel war als Eßinstrument noch unbekannt. Die einfachen Leute aßen ihren Brei mit dem Löffel.

Nur am prunkliebenden fränkischen Hof und bei den Reichen gebrauchte man auch schönes Gerät aus Edelmetallen. Bei großen Festessen saßen die Gäste an langen Tischen, die aus Holzplatten und Böcken bestanden. Nach dem Mahl wurden sie einfach an die Wand gelehnt; daher unsere Redewendung »die Tafel aufheben«.

Als Karl der Große 768 das Land übernahm, erkannte er, daß nur durch eine bessere Bildung der Bevölkerung Fortschritte zu erzielen seien. Als Verehrer der antiken Kultur förderte er die Lehrtätigkeit nach ihren Richtlinien. Er holte fähige Köpfe ins Land für alle Gebiete der Wissenschaften und Künste, ließ Schulen für Kinder jeden Standes bauen und scheute sich nicht, auch selbst immer weiter zu lernen. Er kümmerte sich um Landwirtschaft und Gartenbau und um den Handel. Er unterstützte das Handwerk, regte die Baukunst an und bemühte sich darum, auch nördlich der Alpen Häuser aus Stein bauen zu lassen. Öffentliche warme Bäder wurden nach orientalischen Vorbildern eingerichtet. Die Badestuben behielten über das ganze Mittelalter große Bedeutung, bis sie um 1600 wegen der Seuchengefahr fast völlig verschwanden.

Die »karolingische Renaissance« war die erste kulturelle und wirtschaftliche Blüte nach dem Verfall des Römischen Reiches. Sie ging einher mit einer ausgedehnten Christianisierung, für die Karl eintrat.

800 wurde Karl der Große in Rom von Papst Leo III. zum Kaiser gekrönt. Er starb 814, 72jährig. Bald danach zerfiel das Karolingerreich in die Gebiete, die dem heutigen Frankreich, Italien und Deutschland entsprechen.

Zwar ließ sich bis heute der damals schon aufkommende Gedanke an ein europäisches Reich nicht verwirklichen, aber trotz Vielstaaterei, wirtschaftlicher Schwierigkeiten und dauernder äußerer und innerer Unruhen entwickelte sich eine abendländische, europäische Kultur im Zeichen des Christentums.

Im Morgenland war durch die islamischen arabischen Reiche (Mohammed 570—632), deren Ausdehnung um 750 vom Indus bis Nordspanien reichte, ein starkes Gegengewicht entstanden. Karl Martell, dem Großvater Karls des Großen, war es 732 in der Schlacht zwischen Tours und Poitiers in Frankreich gelungen, die von Spanien nach Osten vordringenden Mauren zu schlagen und vor Europa aufzuhalten. Doch kulturelle Einflüsse sind immer wieder, vor allem später durch die Kreuzzüge der Fürsten und Ritter im 11.—13. Jahrhundert, aus den islamischen Ländern gekommen. Verfeinerung der Tischsitten, wissenschaftliche Erkenntnisse und Elemente der Kunst und der Baukunst wurden als Anregung aufgenommen. Als Geschenk erhielt Karl der Große beispielsweise 807 von Harûn-al-Raschid eine Wasseruhr!

Auch im Fernen Osten ging die Entwicklung trotz Rückschlägen weiter. Im buddhistischen China herrschte von 618 bis 907 die T'ang-Dynastie, die dem Land eine kulturelle Hochblüte brachte. China war Vorbild für Ostasien. Durch seinen Handel über die Seidenstraße und das Meer bestanden immer Verbindungen mit der westlichen Welt, die zu gegenseitiger Anregung geführt haben.

Die sehr charakteristische Kultur Indiens trat erst mit der Entdeckung des Seeweges nach Indien 1498 in das Interesse der Europäer.

Während die Menschen Asiens mehr zum Beharren neigen und das einmal Erworbene und für gut Befundene pflegten und über Jahrhunderte traditionsbewußt ihre kulturellen Errungenschaften nur wenig veränderten, waren die Europäer viel unruhiger. Hier folgten mehrere Stile aufeinander, die von den wechselnden Weltanschauungen geprägt waren. In jedem Land entwickelten sich eigene Formen des jeweiligen Stils für Architektur, Mobiliar, Hausrat, Mode und Kunst.

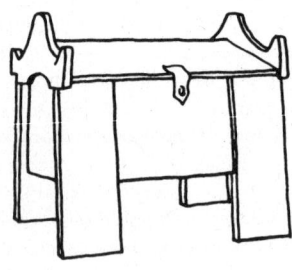

Alpenländische Dachstollentruhe

Tonangebend waren meistens die Fürstenhäuser, aber auch die Haushalte der reichen Städter. Bei den ärmeren Leuten blieb alles immer viel länger beim alten, und die Bauern hingen besonders am Althergebrachten. Sie machten zum Teil auch ihre Geräte selbst. So haben sich manche der urtümlichen, bewährten Formen zuweilen bis ins 20. Jahrhundert in den Bauernhäusern erhalten.

Mittelalter – Romanik
*(In Frankreich ab Ende 10. bis Mitte 12. Jahrhundert,
in Deutschland ab Mitte 11. bis Mitte 13. Jahrhundert)*

Um 1000 ordneten sich die Verhältnisse in Europa nach den Krisenzeiten der letzten 200 Jahre. Als auch der für die Jahrtausendwende vorausgesagte Weltuntergang ausblieb, wurden mit neuem Lebensmut Landwirtschaft, Handwerk und Handel betrieben, und es begann eine allgemeine wirtschaftliche Blüte, die das Wachstum der Städte anregte und zu vielen Städteneugründungen führte. Aber auch der Wunsch nach Bildung nahm vor allem in den Adelskreisen zu. Von der Kirche und den Klöstern gingen moralfördernde Reformen aus.

Die Kirche war mächtig geworden. Sie gab auch den Anstoß zum Bauen großartiger Kirchen zur Ehre Gottes.

Die Baumeister lösten sich allmählich von den spätantiken Vorbildern und suchten einige Ausdrucksformen. Noch war der von Frankreich seit dem 10. Jahrhundert ausgehende Baustil nicht einheitlich, denn viele verschiedene Einflüsse wurden in den einzelnen Ländern verarbeitet. Die gewaltigen normannischen Kirchen in Nordfrankreich und in England nach der Eroberung durch die Normannen in der Schlacht bei Hastings 1066 sind schon Vorstufen der Gotik. Spätantike, byzantinische, islamische und normannische Elemente bestimmten in Italien die Baukunst, spätantike in Südfrankreich, islamische in Spanien. Rußland kapselte sich vom Westen ab und blieb im byzantinischen Einflußbereich und dadurch, wie die islamische Welt im Osten, noch länger der Antike verbunden. Rußland fand erst im 17. Jahrhundert durch Peter den Großen wieder Anschluß an die europäische Kultur.

Trotzdem lassen schon die frühen romanischen Kirchenbauten mit ihren wuchtigen Mauern, starken Säulen und Rundbögen erkennen, daß eine gemeinsame Entwicklung begonnen hatte. Die romanische Baukunst erreichte ihren Höhepunkt im 12. Jahrhundert. Für Wohnhäuser kam Stein als Baumaterial noch wenig in Frage, wohl für den Bau der Burgen. Die Häuser wurden meistens weiter aus Holz vom Zimmermann errichtet, der auch einen Teil der Möbel, Betten, Schränke und Wandbänke in die niedrigen Räume miteinbaute, so daß nur wenig bewegliches Gut benötigt wurde. Die Schränke waren in Steinhäusern oft nur Nischen, die mit einer Tür verschlossen wurden. Diese Lösung hat sich in Ungarn z. B. auf dem Land bis ins 19. Jahrhundert erhalten. Die Holzriegelschlösser an Türen und Truhen wurden seit dem 10. Jahrhundert durch kompliziertere Konstruktionen mit Schlüssel ersetzt. Diese Schlösser waren zuerst noch aus Holz gearbeitet. Es ist anzunehmen, daß sie aus Eisen gemacht wurden, als im 12. Jahrhundert Bewahrmöbel und Türen durch schmiedeeiserne Beschläge geschützt und geziert wurden.

Truhen und einfache Tische, Rundpfostenstühle, charakteristisch für die Zeit, vom Drechsler hergestellt, und die praktischen Faltstühle werden überall gebräuchlich gewesen sein. Kissen, Wandbekleidungen und Bettvorhänge sorgten für Wohnlichkeit. Den berühmtesten Wandteppich stickte Mathilde von Bayeux. Zu Ehren ihres Mannes Wilhelm des Eroberers hielt sie darauf die denkwürdigen Ereignisse der Schlacht von Hastings fest. Bilder in den alten Handschriften und Reliefs zeigen öfter schreibkundige Mönche mit Bet- und Schreibpulten und leichten Flachpulten, die auf die Knie gesetzt wurden. Auch die Fußbank war ein beliebtes Kleinmöbel. Erhalten sind im Original nur wenige größere Stücke, die sich in klösterlichem Besitz oder auf Burgen befunden haben und gepflegt worden sind.

Feuersbrünste haben immer wieder den Hausrat zerstört.

Man weiß kaum etwas über das Leben der einfachen Leute. Viel interessanter war es damals, über Begebenheiten bei Hofe und in der feudalistischen Gesellschaft, die sich seit dem 8. Jahrhundert als Oberschicht entwickelt hatte, zu berichten.

Man tafelte an Tischen mit üppigen Tischtüchern, wie es die Bilder zeigen. Die wenigen Geräte, Becher und Schalen, konnten aus erlesenen Materialien gefertigt sein. Als Unterlage für die Speisen dienten Holz- oder Zinnplatten und Brot.

Ihre Messer mit kostbaren Griffen brachten die Gäste mit. Da seit der karolingischen Zeit das Händewaschen vor und nach den Mahlzeiten üblich geworden war, benötigte man Gießgefäße und Wasserbecken. Zum Trocknen der Hände benutzte man das Tischtuch, Mundtücher wurden extra gereicht.

Da Vergiftungen häufig vorkamen, wurden die Salznäpfe unter strengem Verschluß gehalten. Angehängte Zähne und bestimmte Edelsteine sollten durch Verfärbung anzeigen, ob jemand gewagt hatte, Gift in das Salz zu mischen. Die Speisen wurden aus diesem Grunde auch bei Hofe vorgekostet.

Beim einfachen Volk kann man Holz- und Tongeschirr und die notwendigen Geräte wie Schöpfkellen, Seiher, Messer, Löffel, Bratspieße, Feuerhaken und Feuerböcke und Töpfe in geringerer Zahl

Gießgefäße, Aquamanile, gab es als Tiere, Sphingen und Reiter. Haraldisch stilisierte Raubtiere waren besonders häufig. Ursprünglich für den kirchlichen Gebrauch bestimmt, wurden Aquamanile auch in die Haushalte übernommen. Hahn, 14. Jh. Germanisches Nationalmuseum Nürnberg

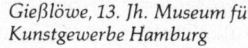

Gießlöwe, 13. Jh. Museum für Kunstgewerbe Hamburg

Gießlöwe aus dem Mindener Domschatz, 1. Hälfte des 13. Jh.

voraussetzen. Da auch in den Klöstern und Burgen nur ein Raum heizbar war, in den Burgen die Kemenate, das Frauengemach, dienten transportable Gluthäfen für Holzkohle zum Erwärmen der anderen Gemächer. Kamine, die aus der Herdstelle in Italien entstanden, wurden im 12. Jahrhundert auch vereinzelt in nördlicheren Gegenden eingerichtet, aber sehr rentabel war dieses Heizsystem nicht. Dazu kam, daß es Glasfenster noch nicht gab. Im 10. Jahrhundert stellten die Mönche des Klosters Tegernsee erstmals wieder Glasfenster her, aber es brauchte lange Zeit, bis sie auch in Wohnhäusern selbstverständlich wurden. Ersatz war bei den Wohlhabenden durchscheinendes Pergament. Einfache Wohnhäuser hatten meist keine Fenster, sondern nur Abzugsluken für den Rauch. Kleine Fensteröffnungen wurden durch Läden verschlossen. Geöltes Papier wird sich seit dem 12. Jahrhundert verbreitet haben, als die chinesische Erfindung der Papierherstellung (um 105) durch die Araber auch in Europa bekannt wurde. Ganz ausnahmsweise setzte man kostbaren Alabaster, dünn geschliffen, als kleine Fensterscheiben in Kirchenbauten ein.

Als Zeitmesser dienten überall andere Systeme, auf den Stand der Sonne, auf tropfendes Wasser oder verbrennendes Öl eingerichtet. Kerzen, mit einer Skala versehen, die beim Abbrennen die Zeit anzeigt, wahrscheinlich eine Anregung aus China, waren z. B. seit dem 9. Jahrhundert besonders in England verbreitet. Die Sanduhr war schon bekannt, wurde aber erst im 14. Jahrhundert populär.

Schlichte Gefäße der klassischen Sung-Zeit (960—1279). Hetjens-Museum Düsseldorf

Sehr einfach waren noch die Werkzeuge. Vieles war seit Jahrhunderten in Vergessenheit geraten und mußte nun wieder erfunden werden.

Seit dem 8./9. Jahrhundert gewannen Wassermühlen immer größere Bedeutung für viele Handwerkszweige. Später kamen die im Orient längst vertrauten Windmühlen dazu. Handmühlen für Getreide wurden langsam überflüssig.

Hugo von St. Victor (1096—1141) schrieb über die Handwerke, die er »mechanische Künste« nannte. Bei der Webkunst erwähnte er neben dem bekannten Zubehör auch ein *Brenneisen*, das möglicherweise schon ein Bügeleisen war.

In der Zeit von der frühen Romantik bis zur Hochgotik erlebte China unter der Sung-Dynastie, die die T'ang-Dynastie ablöste, eine große klassische Epoche, die lange Vorbild blieb, auf die auch im 18. Jahrhundert wieder zurückgegriffen wurde, ähnlich wie in Europa im 19. Jahrhundert das Mittelalter zeitweise vorbildlich wurde. Besonders Steinzeug und Porzellan (schon in der T'ang-Zeit glückte den Töpfern weißes Porzellan) zeichneten sich durch klare Formen und wie zufällig wirkende, edle Glasuren aus. Wunderbar die Seladon-Glasur in grau-grünen Tönen.

Mittelalter – Gotik
(Um 1200—1500)

Im 13. Jahrhundert begann sich die Gesellschaft umzuschichten. Das Rittertum verlor seine Bedeutung. In den aufblühenden Städten war dem Klerus und den adeligen Herren eine starke Konkurrenz erwachsen. Viele norddeutsche Städte schlossen sich zur Hanse zusammen, der später auch Handelsstädte des Inlandes beitraten. Ihre oft weitgereisten, weltoffenen und durch den Handel reich gewordenen Bürger stellten Ansprüche an die Lebenshaltung. Die wegen des Platzmangels mehrere Stockwerke hohen und schmalen Stein- oder Fachwerkhäuser enthielten Werkstätten, Kontore und Wohnräume, deren Mobiliar es mit dem des Adels bald aufnehmen konnte. Im 14. Jahrhundert waren die großen Städte auch kulturell führend. Viele Handwerker, die ehemals für die Klöster und Herrschaftssitze gearbeitet hatten, gingen in die Städte und übernahmen Aufträge der Bürger, die erstklassige Handwerksarbeit jetzt auch für sich beanspruchten. Sie schlossen sich zu Zünften zusammen und kamen dadurch zu Standesbewußtsein und neuen Rechten.

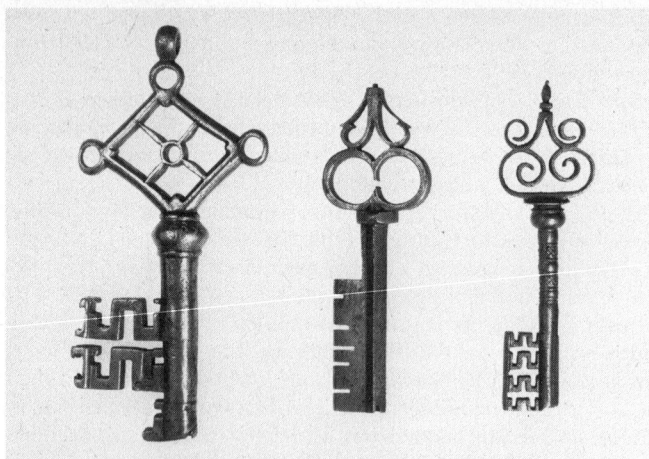

Drei Schlüssel aus Schmiedeeisen, deutsch, 15./16. Jh. Bayerisches Nationalmuseum München.
Mit Schloß und Schlüssel schützten die Menschen ihr Eigentum, und sie entwickelten die Schlösser zu Wunderwerken, deren raffinierte Mechanismen durch präzise greifende Schlüssel funktionierten. Schloß und Schlüssel haben von Anfang an auch Symbolcharakter. Sie sind Zeichen für Macht, Amt und Würden, aber auch für Zusammengehörigkeit.

Die Entwicklung eines neuen Baustils hatte schon im 12. Jahrhundert in Frankreich begonnen und setzte sich in allen europäischen Ländern fort, als Ausdruck einer gemeinsamen Geisteshaltung. Die in den normannischen Kirchen auftretenden vertikal durchlaufenden Wandverstrebungen waren zu tragenden Bauelementen geworden, die sich in der Höhe verzweigend die gewölbte Decke bilden. Dadurch verloren die Wände ihre Bedeutung als Hauptstützen des Bauwerks und konnten von vielen hohen, spitzbogigen Fenstern durchbrochen werden. Glasmaler schufen den schönsten Schmuck der hohen lichten Andachtsräume.

Die vollendete Konstruktion der tragenden und füllenden Elemente, die Betonung der Höhe und die schmückenden Motive beeinflußten auch die Profanbauten und veränderten allmählich die Technik des Möbelbaues, vor allem in den nördlichen Regionen. Der Rahmen- und Füllungsbau, schon von den Ägyptern angewendet und jahrhundertelang in Vergessenheit geraten, wurde durch die 1322 in Augsburg erfundene Sägemühle, mit deren Hilfe man dünne Füllungsbretter schneiden konnte, begünstigt. Der Schreiner übernahm nun den Bau der Möbel. Schränke und elegante Stollenschränke zum Aufstellen schöner Geräte standen frei an den holzvertäfelten Wänden. Die Betten waren zunächst noch geschlossene, schrankartige Möbel. Später reduzierte man ihre Wände immer mehr, und Vorhänge traten an die Stelle.

Die Truhe blieb das wichtigste Bewahrmöbel in allen Kreisen. Sie wurde auch als Bank gebaut, sehr oft mit umklappbarer Lehne, damit man, ohne das schwere Stück verschieben zu müssen, mit dem Gesicht oder dem Rücken zum Kamin sitzen konnte. In Frankreich entwickelte sich die schmale, hochlehnige Chaire aus der Truhe.

Die aus der Architektur entlehnten Motive, Maßwerk mit Fischblase und Dreipaß (Kleeblatt), Fialen, Wimperge, Krabben, Kreuzblumen und Blattwerk erscheinen, vor allem in den nördlichen Ländern, wo Hartholz verarbeitet wurde, als Schnitzereien an den Möbeln. In den Alpen- und Voralpenländern war der Flachschnitt heimisch. Schnitzereien für die Möbel aus weichen Hölzern wurden hier aus Eiche, Buche und Linde gefertigt. Aus der Hobeltechnik entstand das charakteristische Faltwerk und später das X-Motiv für Füllungen.

Weitverzweigte ornamentale Beschläge aus Schmiedeeisen sind ein zusätzlicher Schmuck und gleichzeitig Schutz für Schränke und Truhen.

Türklopfer in Form eines Löwenkopfes, 14. Jh.

*Bildausschnitt aus »Le Prophète Jéremie«,
Maître de L'annoncation 1443*

Seit dem 14. Jahrhundert konnten sich die gutgestellten Bürger Glasfenster leisten, zuerst aus Butzenscheiben, später aus Flachglas zusammengesetzt. Doch auch Ölpapier wurde noch lange verwendet.

Obwohl Möbel der Gotik erhalten geblieben sind, geben sie als Einzelstücke nicht den Eindruck von der Stimmung der Wohnräume, so wie es die mittelalterlichen Gemälde, besonders des 15. Jahrhunderts, vermögen. Ihre Meister haben biblische Szenen, weltliche Begebenheiten und Portraits gern in die heimatliche Landschaft, mit Vorliebe aber in die schönen Interieurs ihrer Zeit versetzt.

Auch die kleinen Möbel und Geräte sind liebevoll gemalt. Wandschränkchen, Bücherborde und Pulte, eingebaute schmale Waschschränke und in Nischen hängende Waschfäßchen aus Ton, Zinn oder Messing, daneben das Handtuchgestell, geflochtene und aus Holz gearbeitete Kaminschirme, schöne Gefäße und Leuchter zeugen von beachtlicher Wohnkultur.

In den großen Handelszentren nördlich der Alpen spürte man um diese Zeit auch den Einfluß der italienischen Frührenaissance und des Orients. Man liebte wertvolle Stoffe und orientalische Teppiche und war begeistert von den ersten Fayencegefäßen und -kacheln, die über Spanien und Italien nach Europa kamen. Auch Bodenfliesen ersetzten nun häufig die Dielen in den bürgerlichen Wohnungen.

*Kühlgefäß
um 1500*

Die verfeinerten Tischsitten und Anstandsregeln der höfischen Gesellschaft wurden Vorbild für die wohlhabenden Bürger. Die reichen Handelsherren besonders beanspruchten die Vergnügen der Tafelfreuden auch für sich, und zu festlichen Anlässen war man bemüht, sich gegenseitig in der Wahl der köstlichen Speisen und Präsentation der wertvollen Geräte zu überbieten. Für den täglichen Gebrauch bürgerte sich seit dem Ende des 13. Jahrhunderts Zinngeschirr immer mehr ein. Holzgefäße und irdenes Geschirr

*Waschzuber
um 1500*

Lüsterweibchen um 1510.
Bayerisches Nationalmuseum
München

Offenes eisernes Öfchen,
von einem spanischen Gemälde.
Catalonien, 15. Jh.

Bürstenform, die seit der Gotik
häufig auf Bildern zu sehen ist

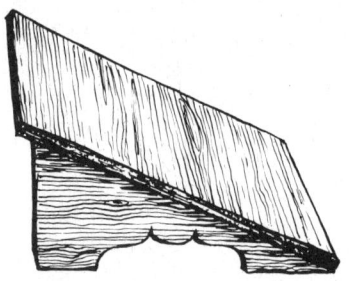

Mittelalterliches Pult

wurden hauptsächlich in der Küche und bei den einfachen Leuten verwendet. In der Mitte des 14. Jahrhunderts war in Siegburg das erste europäische Steinzeug entwickelt worden. Man fand hier die für den hohen Brand geeigneten Tone. Das sehr harte Geschirr mit der typischen Salzglasur, die sich durch Zusatz von Kochsalz beim Brennen bildet, bekam seinen festen Platz im Haushalt. Die Töpfer kamen auch wieder auf die einfache bleiglasierte Irdenware, die Hafnerware, zurück, die seit der Römerzeit in Vergessenheit geraten war.

Die großen sozialen Unterschiede damals zeigten sich bei der Bedienung der Gäste in den Wirtschaften. Für Wanderburschen und Knechte gab es Holzteller oder Tonnäpfe, für Bürger wurde auf Zinngeschirr serviert und für Leute von Stand auf silbernem. Im 14. Jahrhundert begann das Glas Allgemeingut zu werden. Die im 14./15. Jahrhundert überall gegründeten Waldglashütten stellten einfache grünliche Gläser her, die es zwar mit den eleganten venezianischen nicht aufnehmen konnten, aber dank ihrer guten Gebrauchsformen gern gekauft wurden. Die Produktion von Fensterglas war bei dem steigenden Bedarf kaum zu bewältigen.

Mittelalterliche Keramik aus Böhmen und Mähren. Nationalmuseum Prag

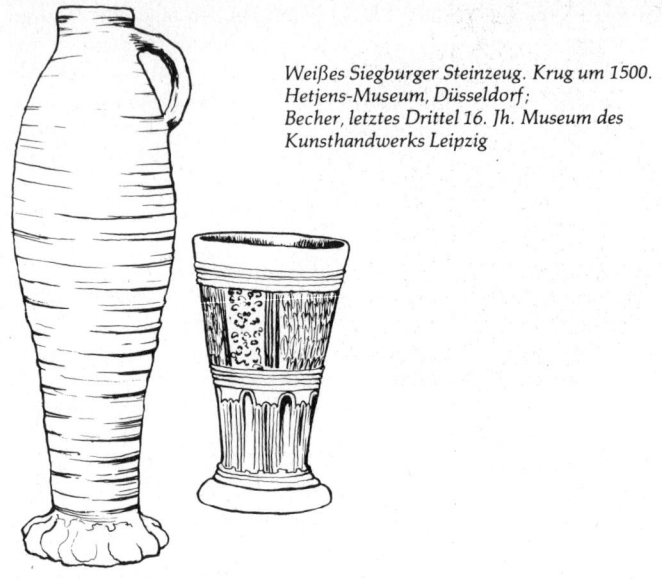

*Weißes Siegburger Steinzeug. Krug um 1500.
Hetjens-Museum, Düsseldorf;
Becher, letztes Drittel 16. Jh. Museum des
Kunsthandwerks Leipzig*

Tischgeräte und Besteck, Messer und Löffel, waren eine Anschaffung fürs Leben, und man kaufte direkt beim Handwerker.

In der Küche änderte sich wenig. Die alten Gerätformen bildeten die Grundlage. Es wurde über dem offenen Feuer gekocht, am Spieß gebraten und auf dem Rost gegrillt. Das beliebteste Gewürz war, wie zur Zeit der Griechen um 200 v. Chr., der Pfeffer. Er wurde in unglaublichen Mengen verbraucht, und es war notwendig, Gewürzmühlen zu besitzen. Doch auch Schrotmühlen und Mörser aus Bronze, Zinn und Messing gehörten zum Privkücheninventar.

Neue Erfindungen brachten auf vielen Gebieten Fortschritte. Im 13. Jahrhundert begeisterten Wasserkunstuhren, astronomische Kunstuhren, Sonnenuhren und Quecksilberuhren aus dem Orient die europäischen Fürsten. Schon früher wurde auch ein mechanischer Zeitmesser, die Räderuhr mit Hemmrad oder Waaghemmung und Gewichten, wahrscheinlich nach Erfindungen der Araber, in Italien entwickelt, aber erst seit dem 14. Jahrhundert fand sie grö-

Links: Feldflasche aus Zinn, Rheinland, 15. Jahrhundert. Kunstgewerbemuseum Köln — Rechts: Mittelfränkische Zinnkanne, 15./16. Jahrhundert. Mittelrheinisches Landesmuseum Mainz

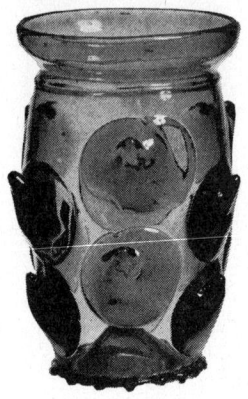

Links: Krautstrunk aus blaugrünem Glas. Deutschland, 15. Jh. Kunstgewerbemuseum Köln — Rechts: Maigelein mit grobem Kreuzrippenmuster aus grünem Waldglas. Deutschland, 15. Jh., Höhe 4,7 cm, Durchmesser 8,5 cm. Kunstgewerbemuseum Köln

ßeres Interesse, auch als Turmuhr mit Schlagwerk. Die Uhren waren zuerst meist aus Eisen. Räderuhren gingen nicht sehr genau, waren aber bis zu ihrer Ablösung durch die Pendeluhr, Mitte des 17. Jahrhunderts, allgemein gebräuchlich. Noch beliebter wurde die Sanduhr. Leuchter und Sanduhren in besonderer Ausführung gehörten zum Gepäck vieler Reisender, die die großen Handelsstraßen bevölkerten. Die Maler gaben Sense und Stundenglas dem Tod als Embleme.

Im 15. Jahrhundert entstanden die ersten Federzuguhren, die die Voraussetzung für die Entwicklung kleiner Taschen- und Halsuhren waren, die im 16. Jahrhundert so große Beliebtheit erlangten.

Philipp der Gute von Burgund (1396—1467) besaß schon eine Tischuhr mit Federzug.

Peter Henlein (1480—1542), einer der bedeutendsten Uhrmachermeister, verbesserte den Mechanismus entscheidend durch die Erfindung der Federbremse.

Die Uhrengehäuse wurden zu allen Zeiten kostbar gearbeitet, und viele Fürsten sammelten die schönsten und eigenartigsten Uhren.

Messer im 15. Jh.

Gotischer Zinnlöffel

Spätgotischer, verkleinernder
Konvexspiegel. Niederlande

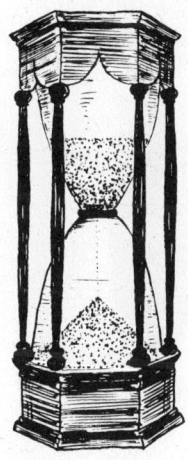

Tiroler Windlaterne,
ca. 1600. Laternen dieser
Art waren vom Mittel-
alter bis ins 19. Jh. mit
Kerzen oder Öllämpchen in
Gebrauch. Sammlung
Osram, München

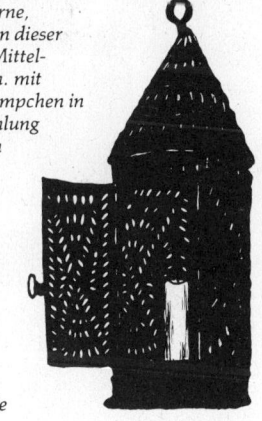

Sanduhr um 1500.
Sanduhren gab es auch
als Satz mit Gläsern
für 1/4 Std., 1/2 Std.,
3/4 Std. und volle Stunde

Leuchterform, 12./13. Jh.

*Figurenleuchter aus Messing
oder Bronze, Mitteleuropa, 15. Jh.*

*Eiserner Feuerbock um 1500.
Bayerisches Nationalmuseum München*

Blick in eine Küche mit Koch und Magd. Holzschnitt aus »Kuchenmaistrey«, Augsburg 1507. Aus Diederichs, Deutsches Leben der Vergangenheit in Bildern

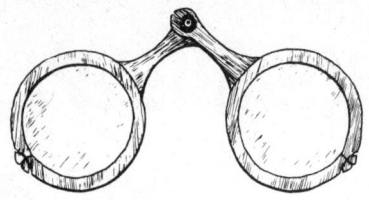

Brille aus dem 13. Jh.

Vergrößerungsglas und Brille wurden wohl ungefähr zur gleichen Zeit, Ende des 13. Jahrhunderts, zum ersten Mal hergestellt. Das Wort Brille ist von Beryll abgeleitet. Man erkannte die vergrößernde Wirkung der hellen, klaren Edelsteine, die im Mittelalter gern in Monstranzen eingesetzt wurden, um die Hostie sichtbar zu machen. Die erste Brille war demnach aus zwei geschliffenen Beryllen, und der Name blieb auch für die geschliffenen Gläser aus Venedig. Über die Anfänge der mittelalterlichen Spiegelherstellung ist wenig bekannt. Aus dem frühen 13. Jahrhundert sind einige Spiegel aus polierten Metallen und solche aus Bergkristall, mit Silber oder Blei unterlegt, erhalten. Im 14. Jahrhundert liebten die Damen Spiegel in allen möglichen Formen, aus Metallen und Bergkristall, mit fein dekorierten Rückwänden und Etuis. Auf flämischen und französischen Gemälden des 15. Jahrhunderts sieht man manchmal Konvexspiegel, die das Bild verkleinern, aus Metall oder Glas, als Wandschmuck.

Die Chronik der Stadt Speyer erwähnt 1298 in der Webeordnung das Handspinnrad, aber noch lange spannen die Frauen lieber in der herkömmlichen Weise. Erst die verbesserte Form, das Flügelspinnrad, fand gegen Ende des 15. Jahrhunderts stärkere Verbreitung. Auch der Trittwebstuhl war bekannt.

Haspel. Deutsches Museum München

*Handspinnrad.
Deutsches Museum München*

*Behälter für Eßstäbchen aus Elfenbein.
Emailarbeit des 14. Jh., China*

In Nürnberg hat es neben den vielen Handwerks- und Kunsthandwerksbetrieben, die die Stadt berühmt gemacht haben, auch 1390 die erste mit Wasserkraft betriebene Papiermühle in Deutschland gegeben. Die Papierherstellung wurde zur richtigen Zeit aufgenommen, um mit Johannes Gutenbergs Erfindung des Drucks mit beweglichen Metallbuchstaben, etwa 50 Jahre später in Mainz, die große Entwicklung des Buchdrucks einzuleiten. Das bis dahin übliche, aus China übernommene Blockdruckverfahren war überholt. Der Fortschritt der Druckerei ließ auch bald das Zeitungswesen entstehen, wenn auch noch lange nicht jeder lesen und schreiben konnte.

Eine andere chinesische Erfindung, die des Schießpulvers um 800, hat in Europa während des Mittelalters die ungeheure Entwicklung der Feuerwaffen ausgelöst, die die Europäer zu Weltherren machte.

Mehr Freude hat das chinesische Porzellan mit roter und besonders blauer Unterglasurmalerei gebracht, das auf Anregung aus Persien nach 1280 unter Kublai Khan (Yüan-Dynastie) entstand.

Renaissance

(15./16. Jahrhundert)

Als in den nördlichen Ländern noch die Hochgotik herrschte, hatten sich die Italiener wieder ihrer glorreichen Vergangenheit erinnert. Die himmelstürmende Baukunst, die Mystik des Nordens und die Wertvorstellungen des Rittertums lagen ihnen nicht. Sie brachten die »Barbarei der Goten«, daher Gotik, immer noch in Verbindung mit den Goten, die ihr Land nach dem Zusammenbruch des Weströmischen Reiches beherrscht hatten, und übernahmen selten mehr als einige Bauelemente.

Schon im 14. Jahrhundert begeisterten sich Dichter und Künstler in der Toskana, und vor allem in Florenz, für die Wiederbelebung der Antike und gaben den Anstoß zu einer neuen Weltsicht.

Das Studium der antiken Autoren wurde die Grundlage für die systematische Erforschung der Natur und ihrer Gesetze.

Die Kenntnis von der Kugelgestalt der Erde ließ Christoph Kolumbus 1492 von Spanien nach Westen segeln, um Indien zu entdecken, dessen Reichtum man ahnte. Amerigo Vespucci bewies 1502, daß er nicht Indien, sondern einen anderen Erdteil entdeckt hatte, Amerika, wo um 1000 schon einmal die Wikinger gelandet waren. Den Seeweg nach Indien um Südafrika fand der Portugiese Vasco da Gama 1498. Magellan brach 1519 auf, um die Erde zu umsegeln. Einem Schiff seiner Expedition gelang 1522 die erfolgreiche Rückkehr.

Für Künstler und Wissenschaftler wurde wieder, wie in der Antike, der Mensch das »Maß aller Dinge«. Der »Goldene Schnitt«, Inbegriff für Harmonie, und die Perspektive bereicherten Baukunst und bildende Kunst.

Kaminböcke, Venedig um 1600 (Nicola Roccatagliata). Bayerisches Nationalmuseum München

In den reichen italienischen Städten dominierten die selbstbewußten Bürger viel früher als im Norden. Die Palazzi der Bank- und Handelsherren, der Begründer des Frühkapitalismus, setzten schon vor den Domen die Akzente im Stadtbild.

Das Ideal wurde der »Homo universale«, nicht der Spezialist. Leistung und Bildung bedeuteten oft soviel wie adelige Herkunft. Niemals hat es so viele, auf mehreren Gebieten hochbegabte Menschen gegeben wie im 15./16. Jahrhundert in Italien. Dazu gehören die zu Einfluß und Adel gekommenen, berühmten kunstverständigen Bankiers der Familie Medici, Künstler wie Leonardo da Vinci und Michelangelo, Adelige, Humanisten und energiegeladene Condottieri.

Der damals entwickelte Baustil mit seinen vollendeten Proportionen und für das Zeitgefühl meisterhaft transponierten antiken Bau- und Schmuckelementen wirkte noch auf die Architekten des 19. und 20. Jahrhunderts. Filippo Brunelleschis Werke hatten entscheidenden Einfluß. Seine erste Renaissancekuppel (1420—1434) krönt den Dom von Florenz.

Für die prachtvollen Steinpaläste mit ihren großzügigen Räumen, mit hohen Fenstern und Marmorkaminen wurde ein repräsentatives Mobiliar aus edlen Hölzern geschaffen, das in seiner individuellen künstlerischen Ausführung mit den häufig bemalten oder mit Ledertapeten bekleideten Wänden und dem Plafond harmonierte.

Die Truhe, in Italien auch wannenförmig, blieb eines der wichtigsten Möbel für Haushalt und Reise. Truhen der Frührenaissance können wunderbar von bekannten Meistern mit mythologischen oder biblischen Themen, höfischen Ereignissen und Stadtansichten bemalt oder mit Intarsien und Stuckarbeiten geschmückt sein. Im 16. Jahrhundert entstand in Florenz eine imposante Truhenbank, die cassapanca, die Vorbild für das Sofa wurde. Die Verwendung von Hartholz erlaubte feine ornamentale Schnitzerei. Später überwog, vor allem in den anderen italienischen Städten, die bewegtere figürliche Schnitzerei.

Die Betten waren Pfostenkonstruktionen, mit und ohne Baldachin, oder von Truhenkästen umgebene thronähnliche Bauten, die den Raum beherrschten. Neben Faltstühlen und Pfostenstühlen, die schon sehr vertraut wirken, schätzte man Schemel (sgabello). Diese einfache Stuhlform wurde in Italien gern durch noble Ausführung hervorgehoben.

Die Tische zeigen alle Variationen, die bis heute hergestellt wer-

*Büstenständer, nach Art der Schemel mit zwei
geschnitzten Brettstützen gearbeitet*

Venezianischer Spiegel

Kleiderrechen

den. Es gab längliche rechteckige und runde Pfostentische, meist mit Balusterbeinen, und die charakteristischen Wangentische, in ganz schlichter Verarbeitung oder mit reicher Schnitzerei geschmückt.

Die Studierenden brauchten Pulte, Fußbänke, Regale und Bücherborde. Sehr beliebt war es, die Büste des Hausherrn aufzustellen, auf einen Schrank oder Büstenständer. Auch antike Figuren standen in Wandnischen, und an den Wänden hingen bei den Wohlhabenden Bilder der zeitgenössischen Maler und venezianische Spiegel in Rahmen aus geschnitztem Holz oder Stuckrelief. Die Freude der Menschen an schönen Dingen zeigen auch die Darstellungen der Pflanzen und Blumen, die in Tonkübeln, Metallgefäßen, feinen Gläsern und Fayencekannen blühen.

Links: Tintenfaß aus Zinn, Renaissance. Nach einem niederländischen Gemälde — Rechts: Silbernes Salzfäßchen, Italien um 1500. Victoria and Albert Museum London

Der Beleuchtung dienten Kerzen und Ölgefäße auf hohen Leuchtern, Tischleuchtern und Wandarmen.

Über Venedig kamen Orientteppiche und Seidenstoffe nach Italien und in die nördlichen Länder. Kostbare Brokate aus Seide und Samt mit Metall stammten seit Ende des 14. Jahrhunderts aus eigener Produktion, vor allem in Venedig. Viele Seidenweber wanderten aber nach Frankreich und Flandern aus, wo sie die später so berühmten Seidenzentren in Paris, Rouen und Lyon gründeten.

Die Tischsitten waren ähnlich denen in den nördlichen Ländern, der Gast brachte sein Besteck, bestehend aus spitzem, langem Messer und kurzem Löffel, sichtbar in einem Etui am Gürtel hängend, mit, doch wurde in Italien im 16. Jahrhundert manchmal schon eine zweizinkige Gabel gebraucht. Tischtücher waren selbstverständlich, und die schön gefaltete Serviette wurde gebräuchlich.

Renaissancelöffel. Kurzstielige Löffel waren auch noch im 17. Jh. gebräuchlich

Bei den Bürgern gab es allmählich mehr Silbergeschirr, aber auch Zinn, denn in Venedig wurde besonders gutes Zinn hergestellt.

Im 16. Jahrhundert kam in Italien die Fayence zu großer Beliebtheit, vor allem Platten und Schüsseln, die reich dekoriert werden konnten. Schon im 13./14. Jahrhundert beeinflußte die auf antiken Kenntnissen basierende veredelte Keramik des Orients die heimische Produktion der südeuropäischen Länder, und vor allem spanisch-maurische Ware wurde ein wichtiger Handelsartikel und bekam wahrscheinlich nach dem Exporthafen auf der Insel Mallorca

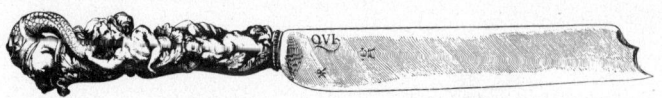

Renaissance-Tischmesser

den Namen Majolika. In Spanien war feines bemaltes Keramikgeschirr schon im 15. Jahrhundert in den oberen Schichten gebräuchlich. Während der Renaissance lösten sich die italienischen Töpfer von den spanischen Vorbildern. Von Faenza, wo zuerst Ende des 15. Jahrhunderts ein eigenständiger Stil entwickelt wurde, ist der Name Fayence für die zinnglasierte Ware abgeleitet. Fayence wurde in der folgenden Zeit der beste Ersatz für das Porzellan, um dessen Herstellung man sich vergeblich bemühte. Der Venezianer Marco Polo hatte nach seiner Rückkehr in die Heimat 1292 in sei-

Persische Keramik des 16. Jh.

Venezianische Wasserkanne in Form eines Seglers als Tischdekoration. 2. Hälfte des 16. Jh.

*Pokal mit Hohlbalusterschaft aus farblosem Glas. Venedig, 16. Jh.
Kunstgewerbemuseum Köln*

nen Chinaberichten, die seine Zeitgenossen in Erstaunen versetzten, verlockende Einzelheiten über die Porzellanherstellung geschrieben, und eingeführtes chinesisches Porzellan erregte große Bewunderung, so daß die Fürsten aller Länder interessiert waren, zuerst das Geheimnis der richtigen Zusammensetzung und der Höhe des Brandes zu ergründen. Dem Großherzog der Toskana, Francesco I., der neben den Regierungsgeschäften noch alchimistische Studien trieb und sich der Kunst widmete, glückte Ende des 16. Jahrhunderts das steinzeugartige, sogenannte Medici-Porzellan, das eine Weile produziert wurde.

Wundervoller Schmuck der Tafel waren die Gläser aus Venedig, in wiederentdeckten antiken Techniken und zauberhaften neuer-

In einer italienischen Küche, Anfang 16. Jh. Holzschnitt aus: Kleinpaul, Das Mittelalter

fundenen, wie das grazile Netzglas, hergestellt. Es gab gläsernes Geschirr, feinste Gläser, Pokale und bizarre geblasene Tischdekorationen, in denen sich das Kerzenlicht brach. Trotz strenger Hütung des Monopols gelang es immer wieder venezianischen Glasbläsern nach Frankreich, in die Niederlande und nach England zu entkommen, wo ihre Kunst sehr begehrt war.

Wie es in einer italienischen Küche zuging, zeigt sehr anschaulich der Holzschnitt aus dem 16. Jahrhundert.

Das Essen war aber im Alltag auch in den reichen Häusern schlicht, doch bei Festen überwältigend üppig und herrlich anzusehen. Manche Gerichte wurden sogar nur als Augenweide, als Schauessen, aufgetragen. Neue Nahrungsmittel aus überseeischen Kolonien wie Bananen, Tomaten und Kartoffeln aus Mexiko und köstliche Gewürze bereicherten den Speisezettel. Der Rohrzucker begann Honig und Sirup zu verdrängen. 1573 entstand in Augsburg die erste deutsche Rohrzuckerraffinerie.

Tabak und Schnupftabak eroberten die Welt. Die Genußmittel Kaffee, Kakao und Tee aber hatten, obwohl schon in Europa bekannt, ihre große Zeit erst im 17. Jahrhundert. Der Alkohol, bisher als Branntwein eine Medizin, begann im 15. Jahrhundert Genußmittel zu werden. Bier und Wein wurden fast immer reichlich getrunken. Schönheitspflege wurde, wie die Portraits eleganter Damen und Herren vermuten lassen, gekonnt betrieben.

Ein derart durchgreifender Wandel von Weltanschauung, Bildung und Lebensart in einem europäischen Land strahlte auch auf die Nachbarländer aus, die sich im 16. Jahrhundert aber nur zögernd von der Gotik lösten. In die großen Handelszentren nördlich der Alpen kamen natürlich schon im 15. Jahrhundert viele Anregungen aus Italien. Die prächtigen gemusterten Stoffe wurden begeistert aufgenommen und verschönten die Mode. Gefäße und venezianische Gläser in neuen Formen waren Schmuckstücke für die Haushalte der Wohlhabenden, doch das Leben blieb noch lange mittelalterlich. Eine große Rolle spielte dabei auch das Klima.

Im 16. Jahrhundert übernahmen Architektur und Möbelkunst, in den einzelnen Ländern zeitlich verschieden, zunächst die Renaissanceornamente, die Künstler wie der Niederländer Hans Vredemann de Vries, der Norddeutsche Heinrich Aldegrever oder der Süddeutsche Peter Flötner nach Studienreisen in den Süden in ihrer Heimat bekannt machten. Trotzdem blieb im Norden auch das Faltwerk ein beliebter Möbelschmuck.

Allmählich wichen die schmalen, hohen Formen den ausgewogenen der Renaissance.

Die Mode der italienischen Hochrenaissance, Albrecht Dürer hat sie auf Zeichenblättern mitgebracht, entwickelte sich in Deutschland und in der Schweiz sehr charakteristisch und wurde in ganz Europa für die erste Hälfte des 16. Jahrhunderts tonangebend, dann übernahm mit dem Regierungsantritt Philipps II. das strenge spanische Kostüm die Führung.

Von den drei jungen Herrschern auf europäischen Thronen, die den ersten 50 Jahren das politische Gepräge gaben, Karl I. von Spanien, als Karl V. Kaiser des Heiligen Römischen Reiches Deutscher Nation, in dessen Regierungszeit das grausame Ende des Azteken- und Inkareichs durch die Konquistadoren fiel, sein Widersacher Franz I. von Frankreich und Heinrich VIII. von England, ebnete zuerst der französische König der Renaissance die Wege. Er holte italienische Künstler und Kunsthandwerker an seinen Hof, darunter Leonardo da Vinci, Benvenuto Cellini, einen der bedeutendsten Goldschmiede, Rosso Fiorentino und Francesco Primaticcio, Maler des Manierismus, einer Gegenströmung der Renaissance in ihrer Spätzeit, und Begründer der Schule von Fontainebleau.

Besonders die Goldschmiedekunst der Spätrenaissance und des Manierismus mit überlängten Gestalten aus der antiken Mythologie als Reliefdekor, der von Künstlern entworfen wurde, hat die großen europäischen Werkstätten in den Niederlanden, in Nürnberg und in Augsburg beeinflußt. Auch die Zinngießer Frankreichs folgten den Vorbildern, und seit der Zeit gibt es in der französischen Sprache zwei Bezeichnungen, die den Unterschied zwischen schlichtem Zinn für den Hausgebrauch und dem prächtig dekorierten für das Schaugepräge deutlich machen: poterie d'étain = »Töpferware« aus Zinn und orfèvrerie d'étain = »Goldschmiedearbeit« aus Zinn. Obwohl Reliefdekor auch schon früher das Zinn schmückte, hat sich für dieses besondere Edelzinn in Deutschland der Name »Reliefzinn« eingebürgert.

Einer der berühmtesten Zinngießer war der Lothringer François Briot (1550—1616), der unter den Zinngießern in Nürnberg vor allem den aus Basel stammenden Caspar Enderlein (1560—1633) angeregt hat. Neben den der Antike entlehnten Gefäßformen, die seit der Mitte des 16. Jahrhunderts benutzt wurden, haben sich aber auch viele im 14./15. Jahrhundert entwickelte Gebrauchsformen der einzelnen Länder und Regionen erhalten.

Langsam fand man in der zweiten Hälfte des 16. Jahrhunderts zu einer neuen Lebenseinstellung. Vor allem die Reformation bedeutete das Loslösen von mittelalterlichen Daseinsformen. Ebenso fanden die Ansichten, die die Humanisten öffentlich — auf Straßen und Plätzen — lehrten, starke Verbreitung durch den Buchdruck und eine allgemeine Reisefreudigkeit. Man reiste zu Pferde, im Wagen, in der Sänfte und zu Fuß, mit Truhen, Kästen, Körben und Beuteln. 1504 richtete Franz Taxis die erste öffentliche Reiterpost zwischen Wien und Brüssel ein!

Das Mobiliar behielt in vielen nördlichen Ländern noch lange

Marskanne (nach dem Dekor benannt) von François Briot, Montbéliard, um 1600. Germanisches Nationalmuseum Nürnberg

*Teil eines gußeisernen Ofens, Bayerisch-Schwäbisch (Neuburg/Donau?) 1536.
Bayerisches Nationalmuseum München*

seinen spätgotischen Charakter trotz äußerlicher Veränderungen. In Frankreich, besonders um Lyon, entwickelte sich ein überquellender Schnitzdekor, aber auch in Schleswig-Holstein und in Dänemark. Ausgesprochene Luxusmöbel waren die Kabinettschränke, die in Spanien und Indien, in Venedig, Paris und in Augsburg seit dem späten 16. Jahrhundert hergestellt wurden. Obwohl sie in ihrer kostbaren Verarbeitung mit wundervollen Intarsien und, wie die spanischen Vargueños, mit prächtigen durchbrochenen Metallbeschlägen, nur für Fürstenhäuser und die Reichsten erreichbar waren, haben ihre klaren, einfachen Formen die Möbelkunst beeinflußt. In Köln ließen sich Meister auch von den süddeutschen Intarsien anregen. Ihre Schränke mit eingelegten Ornamenten und Blumenmotiven waren an der ganzen Ostseeküste beliebt. Die Bauernmalerei geht auf die, aus Italien stammende, vom Orient inspirierte Intarsienkunst zurück. Während in Frankreich, Holland, England und Spanien Kamine üblich waren, heizte man in den nordöstlichen Ländern mit Kachelöfen, die sich zu mächtigen Bauten entwickelt hatten, häufig noch mit gemauertem Sockel und dem vom Töpfer aus farbigen, flachen oder Reliefkacheln aufgebauten Oberteil. Erfindungen und Entdeckungen brachten in dieser von Forscherdrang erfüllten Zeit auf allen Gebieten der Wissenschaften und Technik Fortschritte.

Uhren, damals noch Kostbarkeiten mit entsprechenden Gehäusen, erfuhren entscheidende Verbesserungen. Am Anfang des Jahrhunderts entwickelte Peter Henlein (um 1480—1542) die erste Taschenuhr. Ihr folgte eine Reihe kleiner Uhren von verschiedenen Uhrmachern, die man am Strumpfband, als Fingerring und am

Taschenuhr in Holzgehäuse mit hölzernem Werk.
Auf dem Zifferblatt werden nur die Stunden angezeigt.
16. Jh. Deutsches Museum München

Tischuhr von Hans Gruber, Nürnberg 1567, ca. 15 cm hoch. Bayerisches Nationalmuseum München

Konsoluhr von Erhard Liechti, Winterthur 1568. Bayerisches Nationalmuseum München

Halsband tragen konnte. Dazu gehörten auch die 1575 auf den Markt gebrachten »Nürnberger Eier«. Der gebräuchlichste und zuverlässigste Zeitmesser blieb aber immer noch die Sanduhr. Auf Schiffen konnte der Sanduhr kein Seegang etwas anhaben. Galileo Galileis (1564—1642) Beobachtungen der Pendelbewegung (seit 1583) und seine exakte Vorarbeit Jahre später zur Nutzung der Gleichmäßigkeit des Pendelschlags für Gewicht- und Federzuguhren, führte nach seinem Tode zur Verwirklichung seiner Idee durch Christian Huygens.

Das große Interesse an Uhrwerken regte die Erfinder Ende des 16. Jahrhunderts zu originellen und komplizierten Konstruktionen an. Automatenuhren in allen möglichen Formen, wie der »Turm zu Babel« mit herabrollenden Kugeln, Musikwerk und sich bewegenden Figuren, oder Greifen, die beim Stundenschlag Schnabel und Flügel bewegen, entzückten die Fürsten, von denen viele Sammler mit großem technischem Verständnis waren.

Für das Thermometer, das heute in jedem Haushalt und in jedem Krankenzimmer unentbehrlich ist, schuf auch Galilei 1592 einen Vorläufer.

1590 wurde in Holland ein zweilinsiges Mikroskop erfunden.

Mit der Hygiene wurde es noch nicht so genau genommen. Kanalisation gab es nicht. Neben den bescheidenen mittelalterlichen Einrichtungen wie Nischen, Erker, Kabinette und Stühle, wurden

Boden eines Weinfasses, 16. Jh.

mit Vorliebe Nachttöpfe benutzt, die sehr hübsch aus Fayence und später aus Porzellan gemacht sein konnten. Damals kippte man sie einfach nachts auf die Straße!

Das recht ausschweifend gewordene Badestubenleben mußte wegen Seuchengefahr um 1600 abgeschafft werden. In den Haushalten dienten noch die Waschschränkchen und Waschfäßchen, Schüsseln und Bottiche der Reinlichkeit.

Der weltweite Handel brachte Anregungen aus allen Erdteilen nach Europa, und europäische Kultur beeinflußte von den Kolonien aus die fremden Länder. Der Jesuit Matteo Ricci (1552—1610) z. B. wirkte als angesehener Missionar in China, zwar ohne große Bedeutung, jedoch wurde durch ihn chinesische Geisteskultur in Europa bekannt. Das wundervolle Blauweiß-Porzellan der späten Ming-Zeit war sicher nicht weniger eindrucksvoll.

17. Jahrhundert – Barock

In Italien zeigten sich schon im ersten Drittel des 16. Jahrhunderts Abweichungen von der vollendeten Harmonie der Hochrenaissance, deren Begründer Bramante (1444—1514) gewesen ist.

Michelangelo (1475—1564) faßte bei der Errichtung der Laurentius-Bibliothek in Florenz (1523—1526) Bauelemente großzügig zusammen und schuf dadurch bewegte Wandflächen.

Gelassener wirken die ausgewogenen Stadtbauten und aristokratischen Villen von Andrea Palladio aus Vicenza (1508—1580), dessen Übergangsstil, auf exaktem Studium der Antike beruhend, vorbildlich für Frankreich, Holland und vor allem England wurde. Er wies in diesen Ländern im 18. Jahrhundert den Weg zum Klassizismus. Die Meister des italienischen Barocks, Lorenzo Bernini (1598—1680) und sein Gegenspieler Francesco Borromini (1599 bis 1667) beeinflußten stark den deutschen Spätbarock.

Der Übergang zum Barock war nicht so einschneidend wie der von der Gotik zur Renaissance. Die antiken Bau- und Schmuckelemente blieben bestimmend, aber die übersichtliche Klarheit und die Ruhe wichen dramatischer Bewegtheit durch Betonung wichtiger Punkte und malerische Licht- und Schattenwirkung der füllligen, plastischen Ornamentik. Die Diagonale wurde entscheidend für die Gestaltung der Räume, und ihre Wirkung setzte sich in den Anlagen der Parks, die dem Auge immer neue, unverhoffte Ausblicke bieten, fort.

Das Unübliche, nach der gewohnten harmonischen Verteilung gleichwertiger Einzelheiten, bekam eine abfällige Bezeichnung: »barock« nach spanisch *barocco* = schiefrunde Perle, in übertragenem Sinn: seltsam, schwülstig, überladen.

Der Barock kam vor allem in den katholischen Ländern zur Entfaltung, wo die weltlichen und kirchlichen Fürsten im Verband der Gegenreformation prächtige Schlösser und Klöster als Ausdruck ihrer Macht errichten ließen.

Nach dem Abstieg Spaniens als Weltmacht und Exponent der Gegenreformation, der schon Ende des 16. Jahrhunderts unter Philipp II. infolge von schweren innenpolitischen Krisen und dauernden Kämpfen gegen protestantische Unruhen (1581 Abfall der nördlichen Provinzen der Niederlande) einsetzte, fiel Frankreich im 17. Jahrhundert die führende Rolle zu.

Ludwig XIV. (geb. 1638, reg. 1643/61 vertreten durch seine Mutter Anna von Österreich, bis 1715) war in seiner 54 Jahre währenden Regierungszeit die dominierende Herrschergestalt in Europa, der glanzvolle Repräsentant des Absolutismus. Viele Fürsten eiferten dem »Sonnenkönig« nach, auch Zar Peter I., der Große (geb. 1672 reg. 1682/89 — 1725), dessen Exkursionen in europäische Länder Rußland wieder Europa näherrückte.

In den sechziger Jahren, als er gerade die Regierung selbst übernommen hatte, gründete Ludwig XIV. die »Manufacture royale des Meubles de la Couronne« in Paris, in der alle Zweige der Kunst und des Handwerks konzentriert waren, um die prunkvollen Ausstattungen der königlichen Schlösser zu schaffen. Durch gemeinsame Arbeit bedeutender Künstler und ihnen gleichgestellter Kunsthandwerker aus Italien und Frankreich entstand schon bald der charakteristische, intellektuelle Repräsentationsstil »Louis-Quatorze«, der Vorbild für die kleineren französischen Hofhaltungen wurde, der aber auch fast alle europäischen Fürstenhöfe beeinflußt hat, und damit später das schlichtere Mobiliar und den Hausrat der Bürger. Im 19. Jahrhundert ließ Ludwig II. von Bayern noch das Neue Schloß Herrenchiemsee nach dem Vorbild von Versailles bauen (1878—85). Der ornamental angelegte französische Garten galt auch im 18. Jahrhundert als Inbegriff der Gartenkunst, neben dem späteren englischen Garten, dessen Natürlichkeit uns heute näherliegt. Die protestantischen Länder, Holland, England und Skandinavien, standen dem Barock zurückhaltend gegenüber.

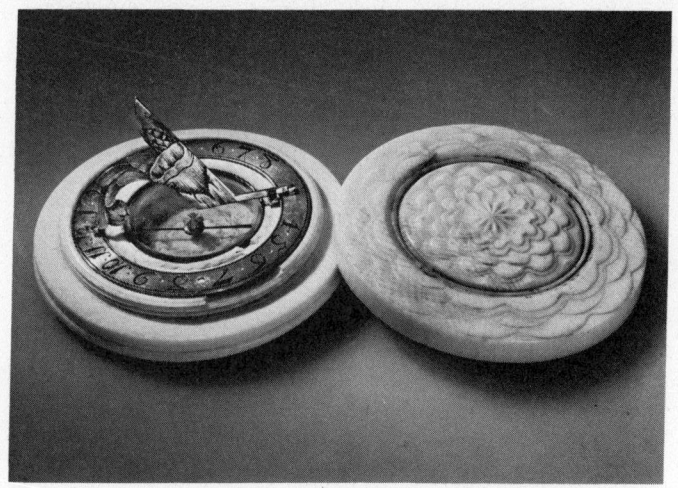

Sonnenuhr aus Elfenbein mit silbernem Zifferblatt und vergoldetem Gnomon. Durchmesser 5,4 cm. 17. Jahrhundert. Bayerisches Nationalmuseum München

In Holland, wo man der spanischen Unterdrückung getrotzt hatte und wo der Absolutismus nie eine Rolle spielte, hatten die selbstbewußten Bürger der reichen Handelsstädte ihre eigenen Vorstellungen von Wohnkultur und Mode verwirklicht, deren sachliche Klarheit so wunderbar von den Malern Vermeer van Delft, Pieter de Hooch, Gerard Terborch und Gabriel Metsu geschildert worden ist.

In England siegte das Parlament während der Revolutionen um die Mitte des Jahrhunderts über die absolutistischen Bestrebungen der Nachfolger von Königin Elisabeth I. (Reg. 1558—1603 = »Merry old England«). Der Puritaner Oliver Cromwell machte England zur Republik (»Commonwealth«), regierte allerdings diktatorisch als Lordprotektor von 1653—58. Obwohl nach seinem Tode das Königtum der Stuarts 1660 wiederhergestellt wurde, blieb das Parlament mitbestimmend und gewann nach und nach die Oberhand. Durch diese Entwicklung stand seitdem die bürgerliche Wohnungsausstattung mit guten zeitlosen Formen, besten Materialien und in erstklassiger Verarbeitung im Vordergrund.

Nur Hofmöbel wurden von Zeit zu Zeit von Paris beeinflußt. Das bürgerliche Inventar richtete sich mehr nach den Vorbildern der gediegenen holländischen Wohnkultur.

Gegen Ende des Jahrhunderts entwickelte sich unter der Regentschaft Wilhelms III. von Oranien und seiner englischen Gemahlin Maria, Tochter des Vorgängers Jakob II. (1689—1702), ein eigener englischer Stil »William and Mary«. Zur Zeit der nachfolgenden Königin Anna, der letzten Stuart (Queen Anne 1702—1714), erreichten Möbel und Hausgerät höchste Vollendung. Die Verwendung von Nußholz für die Möbel, anstatt des bisher üblichen Eichenholzes, trug zur Verfeinerung bei. Beide Stile haben den Kolonialstil in Amerika geprägt. Englische Auswanderer brachten vieles mit, und im Lande wurden nach diesen Vorbildern vereinfachte Formen hergestellt, die auch von den Kolonisten aus anderen Ländern aufgenommen wurden.

Die elegant geschwungenen Beine der Queen-Anne-Möbel, angeregt von chinesischen Importmöbeln der Mingzeit, zeigen die erste Auflockerung der strengen Barocklinie.

In allen europäischen Ländern begann darauf der Übergang zum Spätbarock, zum beschwingten Rokoko.

In Deutschland verhinderten die Verwüstungen des Dreißigjährigen Krieges bis über die Mitte des 17. Jahrhunderts hinaus jeden Fortschritt. Die bedeutenden Kunst- und Handwerkszentren wie Nürnberg und Augsburg hielten sich mühsam, das ganze Land war verarmt und die Bevölkerung dezimiert. Nur langsam fand man mit dem wirtschaftlichen Aufstieg Anschluß an die allgemeine Entwicklung. Norddeutschland mit seinen Hansestädten richtete sich, wie die nördlichen Länder, nach dem holländischen Wohnstil. Für die Fürsten der anderen Länder waren die prunkvollen Ausstattungen der Schlösser Ludwigs XIV. vorbildlich, nur in Bayern überwog der Einfluß des bewegteren italienischen Barocks. Die Handwerkszentren südlich des Mains, Nürnberg, Augsburg, Ulm, Basel und Frankfurt, schufen auch für die Bürger ein erstklassiges Mobiliar. Ein »Frankfurter Schrank« ist dem mächtigen »Hamburger Schapp« ebenbürtig. In Deutschland wurde großer Wert auf die Gestaltung der Schränke gelegt.

Mehrere neue Möbelformen entstanden im 17. Jahrhundert. Ursprünglich für das Leben an den Höfen erdacht, fanden sie auch bald Eingang in die Bürgerhäuser.

An die Stelle der Truhe, die in den Städten, nicht auf dem Land, unmodern geworden war, trat die Kommode mit Schubladen, in

Frankreich und England besonders gern, wie auch Schränke, mit Marketterien geschmückt.

Leichte Tagesbetten (Lit de repos bzw. Day-bed) wurden beliebte Möbel, die ein legeres Ausruhen erlaubten. Die Betten dagegen waren, von schweren Stoffvorhängen umgeben, oder in Alkoven eingebaut, auch Besuchsecke.

Der Etikette am französischen Hof verdanken wir einige neue Sitzmöbel, die, an den Wänden aufgestellt und mit gleichen Bezügen versehen, die Salongarnitur bildeten. Kanapees, Fauteuils und niedrige Taburetts waren Ausdruck der gesellschaftlichen Rangordnung. In England entstand Ende des Jahrhunderts der heute noch moderne bequeme »Windsorstuhl«.

Hoher Toilettenspiegel aus England, in Form und Dekor (Lackmalerei) vom Fernen Osten inspiriert. Frühes 18. Jh.

Guéridon

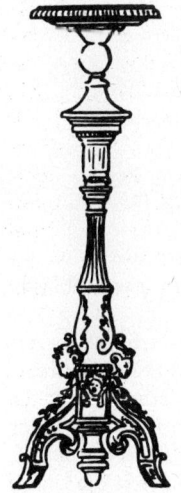

Standuhr mit reicher Blumenmarketerie (aus Furnierplättchen zusammengesetzt) London, 1705

Konsoltische, oft paarweise an der Wand stehend, waren wie die kleinen Tischchen, die Guéridons, auf denen man etwas ablegen oder hinstellen konnte, eine Neuschöpfung.

Für die Morgentoilette gab es jetzt Spiegel mit einem Kasten verbunden, der in Schubladen Flacons, Döschen und Etuis bewahrte.

Die *Uhren* erfuhren 1657 die entscheidende Verbesserung, die schon Galilei geplant hatte. Der Holländer Christian Huygens (1629—1695) baute das Pendel ein und erreichte größere Genauigkeit. Auch Minuten- und Sekundenzeiger konnten jetzt die Uhren vervollständigen. Die Erfindung der Ankerhemmung 1670 durch William Clement und Robert Hook ermöglichte längere Gangdauer, erforderte aber auch schwerere und längere Gewichte. Dadurch entstand die hohe schmale Standuhr. Sie wurde noch durch ein längeres Pendel verbessert, dafür mußte der Uhrenkasten etwas breiter werden. Standuhren waren meistens durch feine Einlegearbeiten geschmückt. Huygens verbesserte auch die Federzuguhren durch die Unruhe. Als Karl II. aus seinem französischen Exil 1660 nach England zurückkehrte, brachte er mit anderen Neuigkeiten auch Uhren mit. Das Interesse war in England so groß, daß sich daraufhin die vorzügliche englische Uhrmacherkunst zu entwickeln begann. Typische Uhren in der Zeit waren auch die englische Laternenuhr, die Frieslanduhr mit gegossenem Zifferblatt aus Blei und allerhand figürlichen und ornamentalen Verzierungen um den Uhrenkasten, und die Nachtuhren, deren transparentes Zifferblatt durch ein dahinter gestelltes Öllämpchen erhellt wurde, oder deren Zifferblatt erhöhte, ertastbare Zahlen hatte.

Wandbespannungen werden in bürgerlichen Wohnungen nicht häufig gewesen sein, eher die Wandvertäfelung. Kostbare Gobelins, so genannt nach der Färberfamilie Gobelin, in deren Haus in Paris die königliche Bildteppichwirkerei untergebracht war, wurden vor allem für den Bedarf der Schlösser gearbeitet.

Die schönen Kerzenleuchter für Tisch und Wand konnten aus Silber, Bronze, Messing und Zinn, auch aus Glas oder Fayence gefertigt sein. Kronleuchter wurden gern nach niederländischem Vorbild aus Messing hergestellt. Die Säle der Schlösser erstrahlten im Licht venezianischer Glaslüster.

Kamine und Öfen sorgten, je nach Landschaft, für Wärme. Die Form der hohen Öfen ging mit der Zeit. Für Schlösser und Klöster wurde auf die künstlerische Gestaltung der farbigen Fayence-Kacheln große Sorgfalt verwendet. In den bürgerlichen Wohnungen sahen die Öfen einfacher aus. Meistens wurden sie von außen, vom Gang oder von der Küche aus, geheizt.

Zwei kleine Wärmegeräte fingen an, gebräuchlich zu werden, das Stövchen (niederd.) mit eingesetztem Kohletopf zum Fußwärmen oder zum Warmhalten von Töpfen, und die Bettpfanne aus Messing oder Kupfer, die, mit Glut gefüllt, an langem Stiel durch das kalte Bett bewegt wurde. Sie hing neben dem Alkoven und war mit ihrem verzierten und durchbrochenen Deckel ein Wandschmuck.

Als Geschirr erfreute sich Zinn in den bürgerlichen Haushaltun-

Ofenmodell, gebrannter Ton, glasiert. Wohl 17. Jh. Bayerisches Nationalmuseum München

gen immer größerer Beliebtheit. Besonders in den vom Dreißigjährigen Krieg betroffenen Gebieten, wo Edelmetalle rar geworden waren, machte man noch vieles mehr aus Zinn, was sonst aus Silber gefertigt wurde. Ärzte, Bader und Apotheker bevorzugten Zinn für ihre Geräte. Selbst die geplünderten Kirchen mußten zunächst auf Zinn zurückgreifen, um ihre Geräte zu erneuern. Der große Ebenist Ludwigs XIV., André Charles Boulle, wurde berühmt durch seine Marketterie aus Schildpatt und Metall, vor allem Zinn.

Aber auch die Fayence hatte ihre große Zeit, da sie in Europa das China-Porzellan ersetzen mußte, dessen Import durch die um 1600 gegründeten englischen und besonders holländischen Ostindischen Handelskompanien 1640 zu stocken begann.

Die wichtigsten Fayence-Zentren lagen jetzt nördlich der Alpen, die meisten in Holland, wohin italienische Töpfer Ende des 16. Jahrhunderts die Fayencekunst gebracht hatten.

An erster Stelle stand Delft, begünstigt sowohl durch seine Meerlage als auch die geeigneten Tonvorkommen in der Nähe. Hier machte man sich die Einfuhrsperre zu Nutzen und kopierte das blauweiße Mingporzellan, meisterhaft in Form und Dekor, später auch die farbigen chinesischen und japanischen Porzellane mit Scharffeuerfarben. Sehr beliebt waren große Vasen, die satzweise auf Schränke gestellt wurden, z. B. drei Deckelvasen und zwei

Stövchen, 17. Jh., in Norddeutschland und den nördlichen Ländern gebräuchlich

Kelchvasen. Diese Kombination heißt cachemire. Auch in den anderen Ländern entstanden rationell arbeitende Fayence-Manufakturen. Delft war Vorbild für die chinesischen Versionen, dazu kamen Beeinflussungen durch den Zeitstil.

Venezianische Gläser waren nach wie vor als Luxusware beliebt, aber auch solche, die nach ihrem Vorbild vor allem in den Niederlanden hergestellt wurden. Bald fertigte man überall in Europa, neben dem schönen Waldglas, Glas »à la façon de Venise«. Vene-

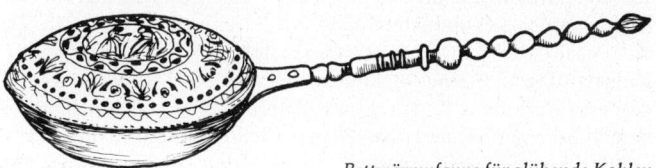

Bettwärmpfanne für glühende Kohlen aus Kupfer oder Messing. Nördliche Länder, Norddeutschland, 17. Jh.

In Europa beliebte Kamingarnitur mit drei Deckelvasen und zwei Kelchvasen. 17. Jh.

dig selbst hatte die Vorrangstellung durch Verlagerung der wirtschaftlichen Schwerpunkte verloren. In England förderte Karl II. die Produktion von kristallähnlichem »Flintglas«. Auch das Privileg der Spiegelherstellung verlor Venedig im 17. Jahrhundert. Der Finanzminister Ludwigs XIV., Colbert, gründete 1665 in Paris eine Spiegelglashütte, da die venezianischen Spiegel für die Spiegelgalerie von Versailles schon Unsummen verschlungen hatten.

Ende des 17. Jahrhunderts flaute das Interesse für Glas in Venezianerart ab. Es war zu zart, um dem wiederentdeckten und immer beliebter werdenden Glasschnitt standzuhalten. Das in Böhmen entwickelte Kristallglas erlaubte nun Schnittdekore, die die Gläser bis in die achtziger Jahre des 18. Jahrhunderts zu herrlichen Repräsentationsstücken machten.

Für die wohlhabenden Bürger wurde Silber bald selbstverständlich.

Im 17. Jahrhundert begannen die Genußmittel Schokolade, Kaffee und Tee, zuerst für die Reichen, populär zu werden; später im 18. Jahrhundert für alle. Schokolade war schon 1520 aus Mexiko nach Spanien gekommen. Kaffee aus Asien und Afrika und Tee aus Asien waren zwar auch im 16. Jahrhundert in Europa bekannt — Tee als Arznei —, fanden aber erst im 17. Jahrhundert begeisterte Aufnahme als anregende Getränke. Tee war in China seit dem 4. Jahrhundert eine sorgfältig gezüchtete Pflanze. Im 9. Jahrhundert von Japan übernommen, wurde der Tee Gegenstand der Teezeremonie, für die wundervolle schlichte Gefäße aus Keramik und Geräte geschaffen wurden.

Deckelbecher mit kostbarem mattem Tiefschnitt von Gottfried Spiller, Berlin, um 1700. Kunstmuseum der Stadt Düsseldorf

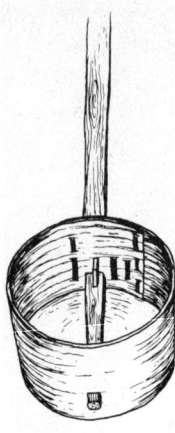

Schöpfer aus Bambus

Japanische Teekeramik. Auch in Japan waren die edlen Formen der Sung-Zeit Vorbild

Teebesen aus Bambus

Während in Europa Tee zunächst vorwiegend in England und in den Niederlanden getrunken wurde, rief die Kaffeebegeisterung überall einen Boom der Kaffeehausgründungen hervor; in Venedig 1647, in London 1652, in Paris 1670, in Hamburg 1677, in Wien 1683! Das Kaffeehaus entwickelte sich zum beliebten Treffpunkt der Müßiggänger. Carlo Goldoni (geb. 1707 in Venedig, gest. 1793 in Paris) hat später in dem Lustspiel »Das Kaffeehaus« seine Zeitgenossen karikiert.

Die neuen Getränke erforderten die richtigen Gefäße. Die Anregungen dafür aus China wurden von den heimischen Werkstätten in Fayence, Silber, Zinn, Messing und Kupfer verarbeitet. Aus Rußland, wo man Teepflanzen schon länger züchtete, kam die Teemaschine, der Samowar, nach Westeuropa, nachdem Peter der Große Ende des Jahrhunderts die ersten westlichen Kontakte geknüpft hatte. Möglicherweise war der Samowar das Vorbild für die im 18. und 19. Jahrhundert bei großen Kaffeegesellschaften so beliebten Kranenkannen.

Die *Tischsitten* änderten sich im 17. Jahrhundert. Langsam setzte sich die Gabel durch, in anderer Form als bisher. Mit drei bis vier gebogenen Zinken wurde sie als Eßgerät und nicht mehr nur zum Aufspießen gebraucht. Der Löffel erhielt einen flachen längeren Stiel, da man ihn jetzt locker mit drei Fingern faßte. Die Messerklinge war vorn abgerundet. Das Besteck stellte nun der Gastgeber, daher waren alle Teile zusammenpassend gearbeitet und dekoriert und wurden in speziellen, kostbaren Besteckkästen aufbewahrt. Messer und Gabel in einem schönen Etui galten im 17. Jahrhundert als luxuriöse Hochzeitsgabe.

Da das Besteck aufgelegt und nicht mehr vom Gast sichtbar am Gürtel getragen wurde, ergab es sich, daß die Verzierungen der Griffe entgegengesetzt angebracht wurden. Erst im 18. Jahrhundert wurden Bestecke Allgemeingut. Jeder hatte aber seinen Teller und füllte ihn mit der Suppenkelle. Tischtücher waren in guten Bürgerhäusern selbstverständlich.

Für die *Küche* entdeckte man nach dem Messing das Kupfer, und die vielen schönen Formen der Koch- und Backgefäße, Kannen und Geräte mit getriebenem, graviertem oder gepunztem Dekor, die man an den Wänden aufhängte und auf Borde stellte, brachten Glanz in alle Küchen.

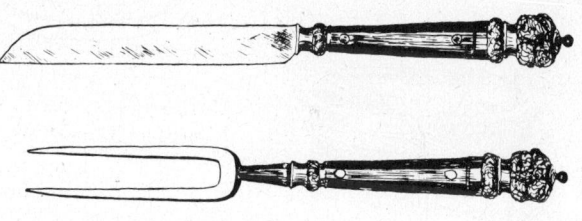

Besteck, 17. Jh. Museum des Kunsthandwerks Leipzig

Kupfer ist widerstandsfähig gegen Hitze wie Eisen und Bronze, dabei sind die Geräte leichter zu handhaben. Kochgeschirr verzinnte man innen gegen schädliche Einwirkung auf Nahrungsmittel und Geschmacksbeeinflussung. Auch das Zinngeschirr wurde gern um den Rauchfang über dem Herd oder auf Tellerreme an der Wand gestellt.

Bronzemörser mit Delphinhenkeln, Anfang 17. Jh.

Porzellanmörser mit Holzstößel

Bronzemörser mit fünf Rippen im Mantel. 16. Jh.

Reibschale aus griechischem Inselmarmor. Der Reiber hat die Form eines menschlichen Fußes. 1. Jh. n. Chr.

Holzmörser mit Holzstößel aus Ungarn, um 1500

Gotischer Bronzemörser mit Krückpistill

Mörser und Stößel, auch Pistill oder Keule, gehören wie Reibsteine und -schalen zu den ältesten Hausgeräten. Sie wurden aus Stein, Metallen, Hartholz, Elfenbein, Glas oder Porzellan in schönen, vom Gebrauch bestimmten Formen geschaffen. Vorbilder im Pharmaziehistorischen Museum Basel

Mörser aus dem 19. Jh. Deckelgefäß aus Holz mit Porzellaneinsatz und Porzellanstößel

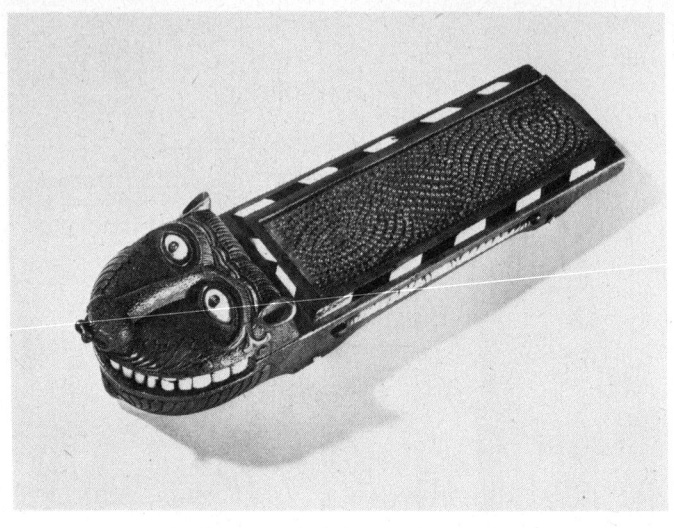

Muskatreibe auf Rädchen. Norddeutschland. 1. Hälfte des 17. Jh. Bayerisches Nationalmuseum München

Lichtschere, Silber. 17. Jh. Bayerisches Nationalmuseum München

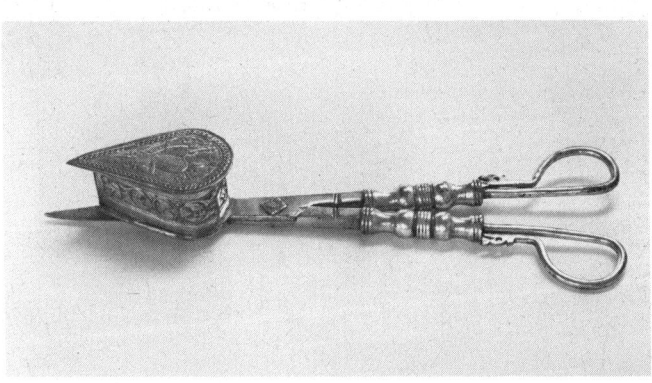

Bratrost, Eisen. 17. Jh. Bayerisches Nationalmuseum München

Puppenstubenküche aus einem von Karburger im 17. Jh. geschaffenen Puppenhaus. Süddeutschland. Bayerisches Nationalmuseum München

Puddingform aus Kupfer, 17./18. Jh.

Backform aus Kupfer, 17./18. Jh.

Wärmflasche in Buchform aus Zinn für den Kirchgang, 17. Jh.

Da der Kaffee gemahlen werden mußte, geschah das wahrscheinlich zuerst mit Schrotmühlen, bis die typische Kaffeemühle entstand. Ein ausgezeichnetes Kochgerät, der Drucktopf, wurde 1679/80 von Denis Papin, einem Gehilfen von Huygens in Paris, erfunden (Papin'scher Topf). Papin empfahl auch als erster, den Luftdruck als Kraftquelle zu nutzen.

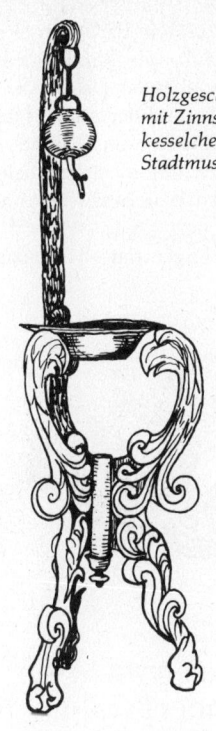

Holzgeschnitztes Waschgestell mit Zinnschüssel und Zinnkesselchen. Ende 17. Jh. Stadtmuseum München

Verstellbarer Haken zum Aufhängen von Lampen und Töpfen. Norddeutschland

Die hygienischen Einrichtungen veränderten sich kaum. Bäder waren ein seltenes Vergnügen. Wasserbehälter mit Kran in verschiedenen Formen aus Zinn, Kupfer oder Messing, mit dazugehörigen Becken, blieben am gebräuchlichsten. Sie waren in die Wandvertäfelung oder in schmale Schränkchen eingebaut.

Nach der Wende zum 18. Jahrhundert verblaßte der Glanz der prunkvollen, steifen Hofhaltung Ludwigs XIV. Der Adel trat als Auftraggeber in den Vordergrund und wünschte bequemere Einrichtungen. Die Ornamentschöpfungen von Jean Bérain (1637 bis 1711 in Paris) verdrängten die schwere Barockornamentik.

Das zierliche Laub- und Bandwerk, besonders reich in Deutschland ausgebildet, bestimmte die Übergangszeiten in den Ländern. In Frankreich war es die Régence-Zeit von 1715—1723, während der Regentschaft des Herzogs Philipp von Orléans, der für den jungen Ludwig XV. die Regierungsgeschäfte versah.

Juste Aurèle Meissonier (1693 in Turin, 1750 in Paris, wo er seit 1723 lebte) schließlich komponierte aus Laub- und Bandwerk und seinem asymmetrischen Muschelwerk (Rocaille) den Dekor, der als Malerei und in plastischer Darstellung während der ersten Hälfte des 18. Jahrhunderts Innenarchitektur, Mobiliar und Geräte der Schlösser verzauberte, auch in den Bürgerwohnungen eine heitere Atmosphäre schuf und noch lange in den Bauernhäusern nachwirkte.

Meissonier entwarf ganze Innenausstattungen mit allen dazugehörigen Geräten bis zum Geschirr.

Das 18. Jahrhundert
Rokoko – Klassizismus

Im 18. Jahrhundert klang der Barock im graziösen Rokoko aus. Beschwingte Formen und Rocaillendekor, helle geschnitzte Vertäfelungen, Seide in zarten Farben für Raumausstattung und Mode, Perücken, Schminke, Schäferidylle und vom Fernen Osten inspirierte verspielte Chinoiserien sind die äußeren Zeichen einer scheinbar unbeschwerten Zeit, in der aber verschiedene revolutionäre Ideen den Übergang zu einer neuen Gesellschaftsordnung vorbereiteten und Kriege die Welt heimsuchten.

Die von Frankreich ausgehende *Aufklärung*, deren bedeutender Vertreter Voltaire (1694—1778) war, wendete sich gegen den Prunk und das frivole Leben bei Hofe und gegen den zu starken Einfluß des Klerus. Dichter wagten Kritik an der herrschenden Oberschicht (Schiller, Beaumarchais).

Ein mit Gobelin bespannter Ofenschirm, um 1720

Das Interesse an der Antike begann auch wieder zu erwachen, denn seit Anfang des Jahrhunderts forschten Archäologen in Pompeji und Herculaneum. Vor allem in Deutschland lenkte der Archäologe und Kunstschriftsteller Johann Joachim Winckelmann (1717—1768) die Aufmerksamkeit erstmalig auf das antike Griechenland. In der Hinwendung zu »edler Einfalt und stiller Größe« des Griechentums sah man eine Möglichkeit, dem ausschweifenden Zeitstil zu begegnen. Die einfachen, geradlinigen Formen und die irrtümlich angenommene Farblosigkeit griechischer Architektur und Plastik sind Kennzeichen des nach der Mitte des Jahrhunderts entstehenden *Klassizismus*. In Frankreich ging die Entwicklung weiter zum Stil des Napoleonischen Kaiserreichs, zum *Empire*.

Einen anderen Weg, der Gegenwart zu entfliehen, fanden die *Romantiker* in der Wiederentdeckung der Mystik des Mittelalters. Sie sahen auch in Jean-Jacques Rousseau (1712—1778), dessen Schriften die verderbliche Kultur und die Aufklärung verurteilten, ein Vorbild. Ihr Ausdrucksmittel wurde der gotische Stil.

1789 erreichte die Unzufriedenheit in Frankreich ihren Höhepunkt. Die bis 1792 wütende Revolution brach alle Traditionen ab. Eine derart radikale Umwälzung hatte in allen europäischen Ländern Folgen. Es entstand eine neue, eine bürgerliche Gesellschaft. Napoleon erschütterte erneut die Position der europäischen Fürsten.

Von weittragender Bedeutung für die ganze Welt aber wurde der Beginn des Industriezeitalters nach der Mitte des 18. Jahrhunderts in England, das der Zeit auch innenpolitisch voraus war. Die von James Watt (1736—1819) 1765 erfundene *Dampfmaschine* (1769 Patent für die verbesserte Dampfmaschine) erschloß völlig neue Möglichkeiten der maschinellen Fertigung und des Antriebs jeder Art und brachte eine ungeheure Entwicklung in Gang. Die Spinnmaschinen wurden ständig verbessert, trotzdem blieb das Spinnrad für den Hausgebrauch, besonders auf dem Lande, in Betrieb.

Auch die *chemische Großindustrie* hat ihre Anfänge am Ende des 18. Jahrhunderts. *Der elektrische Strom* war bekannt, doch waren Elektrisiergeräte zuerst nur Kinderspielzeug, bis man sie als wirksames Heilmittel entdeckte. Erst im 19. Jahrhundert wurde der

Blitzableiter konnten auch eine Zierde des Daches sein. Nordböhmen, 19. Jh.

Norddeutscher eiserner Ofen mit Messingkugeln, die man zum Händewärmen abnehmen konnte. 18. Jh. Auf dem Ofen ein Messingstulp, eine Glocke zum Warmhalten von Speisen. Schleswig-Holsteinisches Landesmuseum, Schleswig ▷

Ofen aus der Lüneburger Gegend um 1800 mit gußeisernem Unterbau und gekacheltem Oberteil. Die Öfen wurden vom Flur oder von der Küche aus geheizt. Museum Lüneburg ▷▷

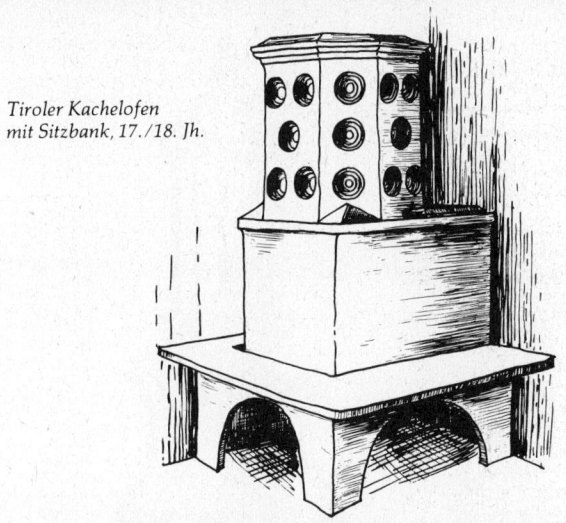

Tiroler Kachelofen mit Sitzbank, 17./18. Jh.

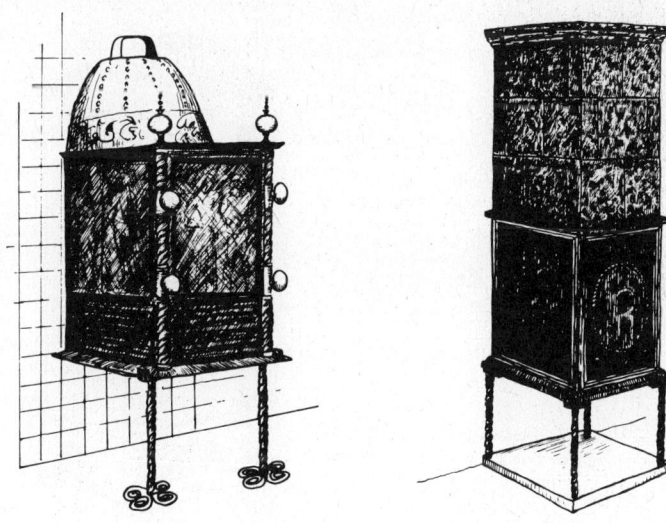

Höchste Eleganz des Rokoko zeigt diese Ofenform. Ein Exemplar aus weißem Porzellan steht im Palais Sylva-Tarouca in Prag. Spätes 18. Jh.

Kachelofen aus dem Historischen Museum Basel, Haus »Zum Kirschgarten«, spätes 18. Jh.

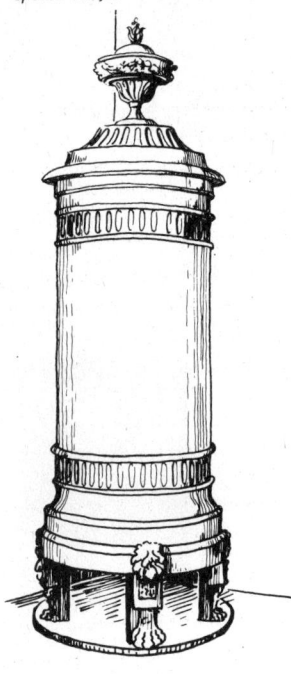

Empireofen aus dem Historischen Museum Basel, Haus »Zum Kirschgarten«. Anfang 19. Jh.

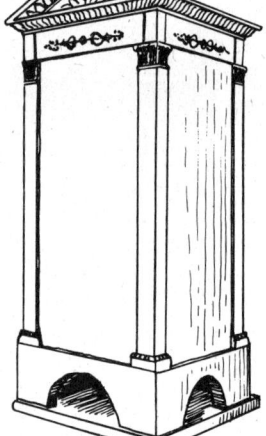

Strom voll genutzt. Großen Verdienst erwarb sich Benjamin Franklin (1709—1790), Staatsmann der USA und Forscher, durch die Erfindung des *Blitzableiters* 1752, den vorbeugenden Schutz vor Bränden durch Blitzschlag.

Das Aufsteigen heißer Luft benutzten die Brüder Montgolfier zum Bau eines *Heißluftballons*, des Vorläufers der Freiballone und Luftschiffe. 1783 startete die erste »Montgolfière« mit Passagieren in Versailles.

Die Straßen der Städte wurden seit Anfang des Jahrhunderts durch Öllampen beleuchtet. In den achtziger Jahren begann schon Murdock, ein Mitarbeiter von Watt, erste Versuche mit Gasbeleuchtung für Innenräume; aber Anfang des 19. Jahrhunderts wurde Gas aus Steinkohle zuerst für die Beleuchtung der Städte eingesetzt, viel später erst für Wohnungen.

Es gab auch schon Luftheizungsanlagen, allerdings nur in zwei Schlössern, in Petersburg und in Potsdam. Wichtigster Wärmespender blieb in den nördlichen und östlichen Ländern der Kachelofen. Seine Technik wurde immer mehr verbessert. Friedrich der Große schrieb sogar 1764 einen Wettbewerb aus, um einen rentablen, gut wärmenden Ofen entwickeln zu lassen. Die äußere Form war Gegenstand künstlerischer Gestaltung. Aus Hafnerware, Fayence und auch aus Porzellan entstanden, vor allem für die Schlösser, graziöse weiße und farbige Gebilde mit Rocaillendekor, später strengere, runde und im Empire tempelartige. Die Öfen bestanden häufig aus gußeisernem Feuerungsteil und Fayence-Oberteil. Etwas Besonderes waren noch runde gußeiserne Öfen. Kleine viereckige Öfen aus gußeisernen Platten, die aus dem Harz oder aus Thüringen stammten, hatte man in den Stuben der großen norddeutschen Bauernhäuser. Sie wurden von der Küche aus mitgeheizt. In der Mitte des 18. Jahrhunderts war das Holz so knapp geworden, daß Steinkohle das neue Heizmaterial wurde. In Italien, Spanien, Frankreich und England hielt man am Kamin fest, auch wenn die Wärme durch den Schornstein verpuffte. Stövchen und Bettpfannen blieben die unentbehrlichen kleinen Wärmgeräte.

Ein Ereignis war die endlich geglückte Nacherfindung des Porzellans 1709 durch Johann Friedrich Böttger (1682—1719). Böttger sollte eigentlich, festgehalten in der Jungfernbastei zu Dresden, im Dienste August des Starken von Sachsen Gold machen. Als das nicht gelingen wollte, probierte er, angeleitet von seinem Mitarbeiter von Tschirnhausen, der mit seinen Brenngläsern hohe Temperaturen erzielen konnte, die Reaktionen verschiedener Erden aus und kam über vorzügliches braunes Steinzeug, das durch Schleifen kostbar hergerichtet wurde, zum »weißen Gold«, von dessen Herstellung die Fürsten Europas seit der Renaissance träumten.

Chinesische Teekannenformen waren die ersten Vorbilder, dann entwarf der Goldschmied Irminger die frühen Formen für die 1710 in Meißen gegründete Manufaktur. Während der ersten vier Jahrzehnte wurden Masse, Formen und Dekore allein in Meißen entwickelt. Das Geheimnis der Herstellung, das Arkanum, wurde zwar streng gehütet, gelangte aber trotzdem in andere Fürstentümer. Es wurde auch, da die Erfindung »in der Luft lag«, noch ein paarmal später unabhängig von Böttger entdeckt. Um die Mitte des Jahrhunderts hatte fast jeder Fürst seine Manufaktur, und auch Privatleute versuchten ihr Glück.

Am Anfang schon wurden reizende kleine Frühstücksgeschirre für die beliebten Genußmittel Schokolade, Kaffee und Tee geschaffen. Denn man trank diese nicht nur mit Vergnügen in den Kaffeehäusern und Teegärten (in London und Umgebung), sondern machte das Frühstück zu einer besonderen Mahlzeit. Dafür gab es ein Solitaire, für eine Person, und das Tête-à-Tête oder Déjeuner, für zwei Personen, fein bemalt mit Chinoiserien, Blumen oder galanten Szenen. Man bewahrte die Gedecke in schönen Kästen auf, die auch, mit Toilettesachen kombiniert, als Reisenécessaires dienen konnten.

Die höchste Würdigung aber erfuhr das feine Material durch die herrlichen Tafelservice für die große Hofhaltung. Mit prunkvollen Terrinen, Leuchtern und Tafelaufsätzen, meisterhaft modelliert und bemalt, und dazu passenden Besteckgriffen waren sie ein ideales Repräsentationsmittel, oder, als Geschenk des Landesherrn, eine noble Auszeichnung. Eines der berühmtesten ist das von Johann Joachim Kändler 1737—41 für den Vorstand der Manufaktur Meißen, den Grafen Brühl, gearbeitete »Schwanenservice«. Speiseservice für den täglichen Gebrauch, wie sie auch der Adel benutzte, waren einfacher.

1739 wurde in Meißen von Johann David Kretschmar ein schlichtes Unterglasurblau-Geschirr geschaffen, das als erstes auch in Bürgerhäuser gelangte. Das zeitlose »Zwiebelmuster« hat bis heute nichts von seiner Beliebtheit verloren.

Silber behauptete sich neben dem in den Vordergrund gerückten Porzellan, das wiederum von den Silberformen, den beschwingten der ersten 50 Jahre und den späteren strengen, beeinflußt wurde. Im späten 18. Jahrhundert wurde Silber auch in Deutschland wie-

Porzellangeschirr mit Chinesenmalerei, Meißen, 1. Viertel des 18. Jh. Hetjens-Museum Düsseldorf

Zwei Kaffeekannen aus Zinn in Silberart, Sachsen, Mitte des 18. Jh. Historisches Museum Frankfurt a. Main

Potpourri-Vase, oben durchbrochene Duftvase, zum Füllen mit Lavendel, Rosenblättern u. ä. Fürstenberg 1765

Silberbesteck, 18. Jh., Formsammlung Braunschweig. In der Zeit waren auch schon Gabeln mit vier Zinken gebräuchlich

Englischer Silberleuchter, 18. Jh. Victoria and Albert Museum London

Messer mit Porzellangriff, Mitte 18. Jh.

der hochgeschätzt. In England und Frankreich verlor es nie seine Beliebtheit.

Das Ende des 17. Jahrhunderts entwickelte böhmische Kristallglas ermöglichte den wundervollen Schnittdekor, der Gläser, Becher und Pokale zu Kostbarkeiten machte.

Die Zinngießer versuchten durch Übernahme der Silberformen neben der harten Konkurrenz von billigem und gutem Steingut aus England und Glas aus Böhmen zu bestehen. Josiah Wedgwood (1730—1795) hatte schon 1752 das in England entwickelte Umdruckverfahren für sein Steingut übernommen und konnte dadurch enorm billig und schnell produzieren.

Im 19. Jahrhundert gewann aber das Porzellan dank seiner hervorragenden Eigenschaften den ersten Platz unter den Materialien für Gebrauchsgeschirr.

Das luxuriöse Leben an den Höfen im 18. Jahrhundert und die kostbaren Ausstattungen der Räume in den Schlössern und Adelssitzen hatten natürlich mit dem Alltag der einfachen Leute kaum etwas gemein. Die gutgestellten Bürger jedoch bemühten sich, in ihrem Rahmen, dem Stil der Zeit zu folgen. Ihre anmutige, schlichte Häuslichkeit haben Maler wie Chardin, Boucher, Greuze, Longhi, Chodowiecki und die Engländer Gainsborough, Reynolds und der kritische Hogarth in Gemälden und Zeichnungen überliefert. Die Natürlichkeit und Fortschrittlichkeit, die aus den Bildern der Engländer spricht, wurde in der zweiten Hälfte des 18. Jahrhunderts in ganz Europa angestrebt. Dazu gehörte auch die Übernahme des ungekünstelten »englischen Gartens«, der den gezierten französischen Garten zu verdrängen begann.

Das höfische Mobiliar wurde schon Anfang des Jahrhunderts leichter, eleganter und viel bequemer, in geschwungenen Formen gearbeitet. Man stimmte es im Ton des Holzes oder der Farbe und in den Polsterbezügen auf die geschnitzten, oft gelackten und vergoldeten Wandvertäfelungen (Paneele), Spiegel, Gemälde, Beleuchtung und Dekoration der Decke ab. Viele neue Sitzgelegenheiten

Wandapplik für zwei Kerzen, vergoldete Bronze. Paris 1745/49. Bayerisches Nationalmuseum München

und wunderhübsche Kleinmöbel zeigen, wie differenziert die Ansprüche an den Wohnkomfort geworden sind, und wie sehr man auf das Wohl der Damen bedacht war, die es liebten, die großen Geister der Zeit in ihren Salons zu versammeln und, wie Madame de Pompadour und Madame Dubarry, auf die Politik einzuwirken.

Das Mobiliar der Bürger war einfacher, richtete sich aber in der Form nach den höfischen Vorbildern. Auch ältere Möbel behielten meist noch lange ihren Platz, und manchmal bestand das »Mit-der-Zeit-Gehen« nur im Wandel des Ornaments.

In England bedeutete das Wirken Thomas Chippendales (1718 bis 1779) um die Mitte des Jahrhunderts, nach der Übergangszeit des Georgean I-II, höchste Vollendung bürgerlicher Möbelkunst des Rokoko.

Auch in Amerika, in den Niederlanden, in Skandinavien und in Norddeutschland arbeiteten die Tischler nach Chippendales Lehr-

Huilière, Silber und Kristallglas. Johann Jakob Adam. Augsburg um 1755/57. Bayerisches Nationalmuseum München

büchern. Für seine Möbel war das in den dreißiger Jahren neueingeführte Mahagoniholz, damals noch unpoliert, charakteristisch.

Sehr beliebt waren immer noch Lackarbeiten, aus China importiert oder in England oder Italien hergestellt. In Italien malte man nicht nur chinesische Motive, sondern bald auch Blumen. In England übten sich sogar die Damen in der Kunst.

Öllampe, Ende 18. Jh. Der Schirm ist mit einem Scharnier am Ölbehälter befestigt. Deutsches Museum München

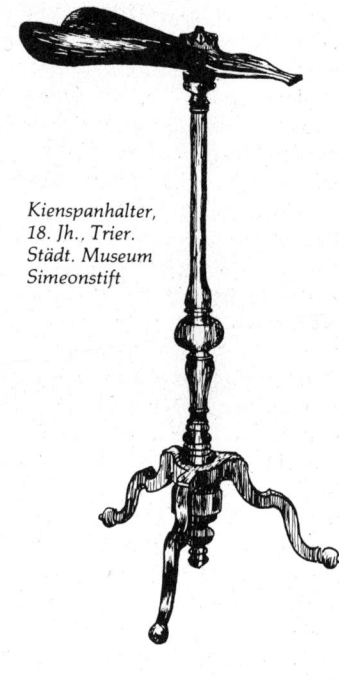

Kienspanhalter, 18. Jh., Trier. Städt. Museum Simeonstift

Blaker aus Fayence mit Spiegel. Frühes 18. Jh.

Das einfache Volk braucht immer längere Zeit, um eine Veränderung wirklich aufzunehmen. Aber in Süddeutschland und in Österreich, wo der Spätbarock seine ganz eigene heitere, beinahe volkstümliche Ausbildung erfuhr, wurde besonders das bäuerliche Mobiliar beeinflußt. Die Kirchenmalerei und die Lüftlmalerei an den Häusern standen mit der Bauernmalerei in engem Zusammenhang. Auch höfische Möbel konnten in zarten Farben bemalt sein. Als nach 1760 das Schwungvolle des Rokoko der strengeren Linie des Klassizismus wich und antike Motive wieder bevorzugt wurden, da konnte man sich auf dem Land noch lange nicht von der Rocaille trennen.

Für Bürgerwohnungen werden Paneele als Wandbekleidung nicht immer erschwinglich gewesen sein, noch weniger Gobelins oder Seidenbespannung. Doch mit der Zeit wurde die *Papiertapete* entwickelt. In England beschäftigte man sich seit Anfang des 18. Jahrhunderts mit ihrer Herstellung, von China angeregt, wo das Papier seit seiner Erfindung eine große Rolle spielte, für die Kunst der Rollbilder wie für die Baukunst, denn in China und Japan liebte man ja Wände aus Papier. Schon 1710 machte man Flocktapeten aus Bogenpapier mit Wollstaub. 1750 wurden Tapeten in England bedruckt, doch gebräuchlich wurden Papiertapeten erst gegen Ende des Jahrhunderts. Goethe entzückten die ersten Papiertapeten 1816 in einem Zimmer in dem Dörfchen Tennstedt, wo er einmal während seiner Arbeit an dem »Westöstlichen Divan« weilte. In seinem Elternhaus in Frankfurt a. M. gab es eine schablonierte *Wachstuchtapete* um die Mitte des 18. Jahrhunderts. Mit Wachstuchtapeten bespannte man auch Ofenschirme. Die Wohnungen und die Schlösser wurden bis in die achtziger Jahre hinein mit Kerzenlicht beleuchtet. Einfache Handleuchter, Kandelaber, Figurenleuchter und Wandappliken aus vergoldeter Bronze, Silber, Zinn, Messing, Porzellan, Fayence und Glas, wie die köstlichen Glaslüster und Kronleuchter aus Porzellan, meist von Künstlern entworfen, spiegeln den Wandel im Zeitstil. Laternen erhellten die Treppenhäuser und dienten für abendliche Gänge. Bei der einfachen Bevölkerung war auch der Kienspan noch gebräuchlich.

1784 entwickelte der in Paris lebende Genfer Physiker und Chemiker Pierre François Aimé Argand eine hellbrennende Rüböllampe, deren Konstruktion eine neue Lampenform mit Glaszylinder hervorbrachte, die im 19. Jahrhundert für die Petroleumlampe übernommen wurde. *Argand-Lampen* beleuchteten schon 1784 in Paris die Comédie française und 1785 die Oper.

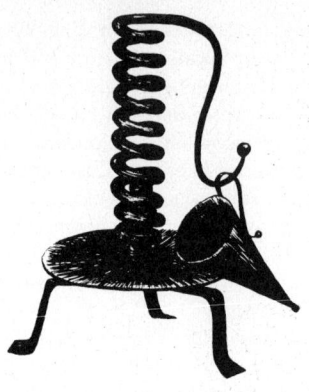

Schmiedeeiserner Leuchter mit Hut zum Löschen, süddeutsch, 18./19. Jh.

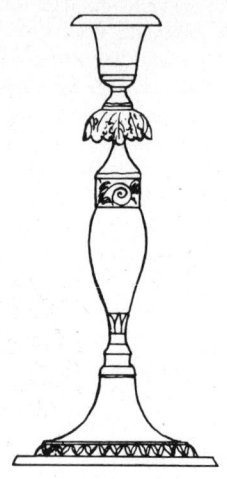

Silberleuchter um 1820/30

Leuchter aus Silber oder Zinn um 1720, Venedig.

Mitte des 18. Jh., Frankreich

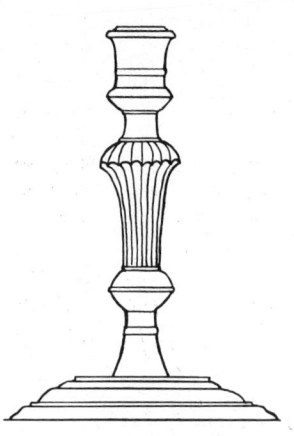

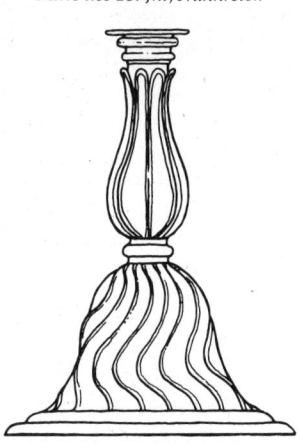

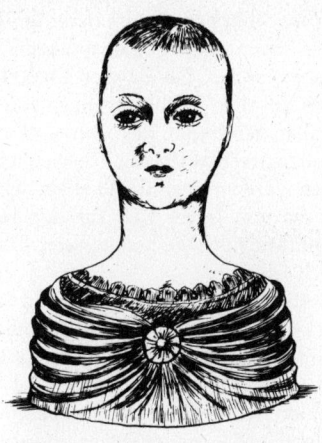

Perückenkopf, nach Maß gearbeitet und Abbild der Besitzerin, bemaltes Holz, 18. Jh. — Köpfe aus Fayence waren seltener. In England wurden Mitte des 19. Jh. Hutständer beliebt, auf deren lederbezogenen Köpfen Gesichter gemalt waren.

Toilettenkasten mit beweglichem Spiegel, Ende 18. Jh.

Uhren gehörten allmählich auch zum Inventar der Bürgerhäuser. Es gab Standuhren, Kaminuhren, Konsoluhren und Wanduhren und natürlich Taschenuhren. Die Fürsten förderten gern die Uhrmacher und waren an allen Verbesserungen interessiert. Die aus kostbaren Materialien gefertigten dekorativen Gehäuse der Uhren in fürstlichem Besitz sprechen für die Wertschätzung.

Automatenuhren waren immer noch beliebt. Eine der berühmtesten war damals die von James Cox für den russischen Fürsten Potemkin erbaute Pfauenuhr, die heute in der Eremitage in Leningrad zu bewundern ist.

Franz Anton Ketterer aus dem Schwarzwald kam 1730 auf die Idee, eine Kuckucksuhr zu bauen. Heute sind die volkstümlichen *Kuckucksuhren* mit den bemalten Uhrenschildern immer noch ein Welterfolg.

Im 18. Jahrhundert wurde gern geschrieben, und *Schreibzeuge* sind aus allen beliebten Materialien, mehr und weniger aufwendig, hergestellt worden. Für die zierlichen Damenschreibtischchen, »Bonheur-du-Jour« genannt, werden solche aus Porzellan besonders passend gewesen sein. Als Schutz der Augen dienten bemalte und bestickte *Lichtschirme*, die das Licht einer Kerze wohltuend verteilten.

Seit 1748 kannte man Stahlschreibfedern (J. Jansen), und 1780 wurde der erste Füllfederhalter von Scheller entwickelt. Die Schreibmaschine hatte schon 1714 einen Vorläufer, den Henry Mill konstruiert hatte. Auch die ersten Rechenmaschinen kamen um 1770 auf den Markt.

Ein Bad zu besitzen war immer noch nicht üblich. Gewöhnlich waren die *Waschgelegenheiten* auch in den Schlössern sehr klein. Es gab Warmwasserbehälter aus Kupfer, Zinn und Fayence in ganz einfachen, geraden Formen, aber auch als Kugeln, Delphine, Granatäpfel, und in Fayence gern als Fäßchen mit darauf reitendem Putto gebildet. Dazu gehörten passende Schalen. Außerdem waren Schüsseln mit Kannen, meist aus Fayence oder Porzellan, in Gebrauch, wie sie ursprünglich als Tischwaschgeschirr oder Taufgeschirr verwendet wurden. Mit dazugehörigem Etui nahm man sie auf die Reise mit. Schüssel mit Kanne, auf dem Waschtisch mit Marmorplatte, waren noch nach dem zweiten Weltkrieg als Waschgeschirr durchaus üblich. Die Formen richteten sich nach dem Zeitgeschmack. Da der Sinn für Wasser und Seife im 18. Jahrhundert nicht besonders ausgeprägt war, mußten Parfümdüfte, Wässerchen und Schminke manches übertönen.

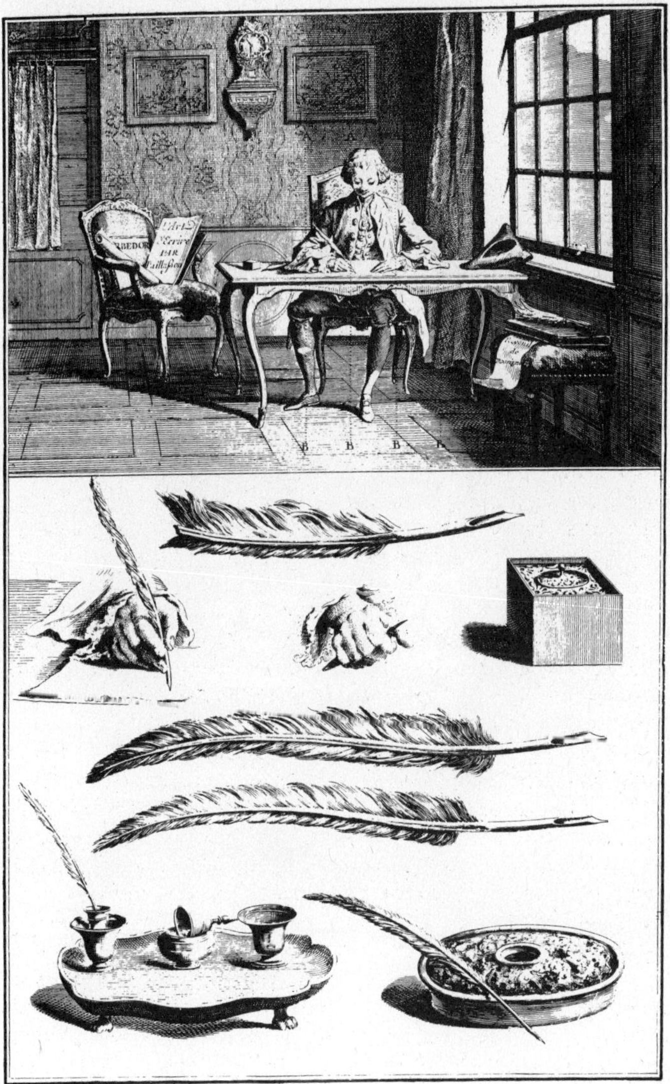

Art d'Ecrire.

143

Kleiner Wandbrunnen aus Fayence. Schrezheim, 18. Jh. Bayerisches Nationalmuseum München

Die vielen Fläschchen, Döschen, Pinzetten, Scheren, Bürsten und Kämme bewahrte man daheim im Toilettentisch auf, der mit kleinen Schubladen gearbeitet sein konnte, oder mit einer durch einen Spiegel aufstellbaren Platte, unter der verschiedene Abteilungen die Utensilien für die Schönheitspflege aufnahmen. Perücken trug man noch bis zur Revolution. Die Ständer in Kopfform, meist aus Holz, konnten im 18. Jahrhundert portraitähnlich geschnitzt und bemalt sein.

Für die Reise gebrauchten Damen und Herren Nécessaires (frz. nécessaire = notwendig), in denen alles seinen Platz hatte. Oft waren die Toilettesachen für die Damen kombiniert mit Nähzeug und für die Herren mit Rasierzeug und Rasierbecken, auch mit dem zusammenlegbaren Stiefelknecht.

Die wunderschönen, mit Samt oder Seide bezogenen, mit zierlichen Beschlägen aus Silber und Bronze oder mit Elfenbeinschnitzerei verzierten oder ganz aus Silber hergestellten Behälter wurden in Koffertruhen verstaut.

Helmkanne und Becken, Silber vergoldet. Daniel Schaeffler, Augsburg um 1730. Bayerisches Nationalmuseum München

Reisenécessaire, Augsburg um 1750. Bayerisches Nationalmuseum München

Brautschachtel (bemalte Spanschachtel). 18. Jh.

Reisenécessaire aus Holz mit Spiegel, geschliffenen Glasflaschen, Kleiderbürste und verschiedenen Behältern und Einsätzen. Um 1800. Privatbesitz

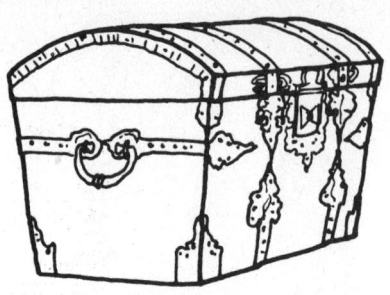

Koffertruhe, 18. Jh.

Man reiste mit eigenen Pferden und Wagen oder mit der Post, die immer besser ausgebaut wurde. Seit 1729 war Frankfurt a. M. Sitz der Postverwaltung der Thurn und Taxis.

Für die Krankenpflege war auch die Verbesserung des Thermometers wichtig.

*Schnabelkännchen aus Porzellan,
18. Jh. Eine Form, die schon bei den Griechen
für Kinder und Kranke verwendet wurde*

Mit etwas Wehmut sehen wir heute in den Museen und Schlössern Küchen aus dem 18. Jahrhundert. Die Fülle der schönen Kannen, Kessel, Töpfe und Pfannen, Kuchen- und Puddingformen aus Kupfer und Messing, des Geschirrs aus Zinn, Fayence, Steinzeug, Steingut, Porzellan und der Eisen- und Holzgeräte macht ein bißchen neidisch. Wir haben es zwar heute viel bequemer, aber schöner ist sicher eine solche Küche. Nicht allein die süddeutschen

Kaffeemühle aus Kupfer und Messing, 18. Jh. Heimatmuseum Meldorf

Kaffeemühle aus Messing, 18. Jh. Stadtmuseum München

Jardinière, 18. Jh. Blumengefäße wurden aus Kupfer, Messing, Fayence und Porzellan hergestellt

Scheren sind unentbehrlich für Haushalt und Gewerbe

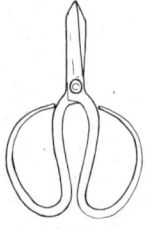

17. Jahrhundert   Zeitlose japanische Formen

| Spätkeltische Scherenform (aus Eisen hergestellt) | sehr ähnlich die Schafschere aus dem 18. Jh. und später | Gotische Form (nach Bildern) | 17. Jahrhundert | 18. Jahrhundert |

»Prangküchen«, die nur zum Aufstellen des wertvollen Besitzes eingerichtet wurden, glänzten mit ihrem Kupfergeschirr. Gepflegtes Kupfer, Messing, Fayence und Porzellan waren der Stolz jeder Hausfrau. Die Bronze wurde im 18. Jahrhundert allmählich in der Küche durch Kupfer verdrängt. Später trat das Eisen an die Stelle. Auch Tischgerät wurde immer seltener aus Bronze gemacht. Für künstlerische Gestaltung jedoch blieb sie zu jeder Zeit bevorzugt. Eine interessante Erfindung für die Küche, die Konservierung durch Luftverschluß, wurde 1765 von Lazaro Spallanzani erprobt. Die Kartoffel, seit 1560 in Europa bekannt, fing an, Volksnahrungsmittel zu werden. Vor allem Friedrich der Große förderte den Anbau. Den Ruhm, die klassische gute Küche zu besitzen, errang im 18. Jahrhundert Frankreich!

Porzellan der K'ang hsi-Zeit (1662—1722). Dekor in famille verte. Hetjens-Museum Düsseldorf

Die gegenseitige Beeinflussung zwischen Europa und China war im 18. Jahrhundert besonders eindrucksvoll, wie die entzückenden Chinesendekors (Chinoiserien) auf Porzellan, Möbeln, Paneelen und Ofenschirmen zeigen; und in China malte man nach französischen und deutschen Drucken der Rokokozeit Europäer, chinesisch empfunden, in chinesischen Landschaften. Die Hinterglasmalerei, durch einen Könner, den Jesuitenmissionar P. Guiseppe Castiglione 1715 nach Peking gebracht, wurde bis ins 19. Jahrhundert ein beliebter Exportartikel.

Korb in Form von mittelalterlicher Keramik aus Wurzelgeflecht, alpenländisch, 16.—18. Jh., und Deckelkörbchen aus Weidengeflecht, Oberfranken-Lichtenfels, 2. Hälfte des 18. Jh. Bayerisches Nationalmuseum München

Die überaus feinen chinesischen Porzellane dieser Zeit, wie »famille verte« und vor allem »famille rose«, kamen dem verfeinerten europäischen Geschmack entgegen.

Die große Zeit der Ch'ing-Dynastie, die von drei bedeutenden Herrschern, K'ang hsi, ab 1662, Sohn Yung-cheng, ab 1723 und Enkel Ch'ien-lung, 1736—95, geprägt wurde, begann um 1750 zu verblassen.

Wäschemangelbrett und Waschklopfbrett, Skandinavien, 18. Jh. Diese Geräte waren wohl überall in Gebrauch. Sie wurden mit Schnitzereien und Malereien geschmückt. Die Griffe der Mangelbretter sind häufig als Tiere gestaltet. Seit dem 19. Jh. leistete sich mancher Stadthaushalt eine von Hand betriebene Hauswäschemangel.

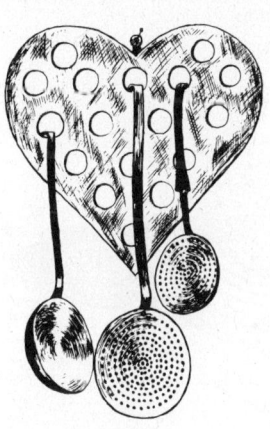

Flaches Herz aus Kupfer mit Löchern zum Aufhängen von Kellen und Sieben. 18. Jh. Stadtmuseum München

Wandsalzfaß aus Zinn, 18./19. Jh. Salzfässer gab es auch aus Kupfer, Holz oder Porzellan

Fayence-Deckeldose in Form einer Henne, Friedberg 18. Jh. Bayerisches Nationalmuseum München. — Sehr beliebt waren um die Mitte des 18. Jh. Fayencegefäße in Tiergestalt, Terrinen als Kohlköpfe, Töpfe als Spargelbund geformt. Hervorragend waren die Arbeiten der Straßburger Manufaktur

Ohrenschüsseln wurden in Straßburg als »Wöchnerinnenschüsseln« besonders kunstvoll aus Zinn hergestellt. J. F. Schatz, 18. Jh.

*Wärmegerät
aus glasiertem Ton.
Skandinavien,
Mitte 18 Jh.*

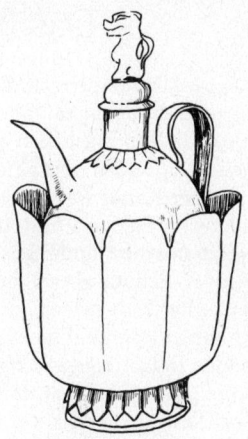

*Chinesisches Weinwärmgefäß
aus Porzellan. Sungzeit*

*Tongefäß zum Wärmen
des Kinderessens,
spätes 18. Jh.*

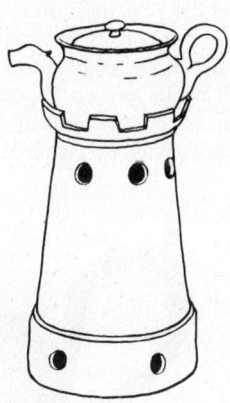

*Teewärmöfchen
aus Porzellan,
um 1830*

Das 19. Jahrhundert

Das 19. Jahrhundert stand im Zeichen der *industriellen Revolution*, die zwar schon im 18. Jahrhundert in England begonnen hatte, aber nun voll zum Ausbruch kam. Das Handwerk hatte darunter am meisten zu leiden. Die Kriege Napoleons, der von 1804—1814 französischer Kaiser war, brachten wirtschaftliche Not in Europa, und die gegen England von 1806—1813 verhängte Kontinentalsperre unterband die Handelsbeziehungen. Andererseits war sie ein kurzfristiger Schutz gegen das Hereinströmen maschinell gefertigter englischer Industriewaren, mit denen die Handarbeit nicht mehr mithalten konnte. Die Maschine stillte die Bedürfnisse der wachsenden Industriegesellschaft schneller und billiger. Wir haben uns heute daran gewöhnt, mit Maschinenarbeit und Kunststoffen zu leben. Es geht ja gar nicht mehr anders bei dem großen Bedarf und schnellen Umsatz, aber damals bedeutete die maschinelle Produktion eine Katastrophe für das Handwerk und hatte weitgehend seinen Niedergang zur Folge. Später wurde das Los der Industriearbeiter das große soziale Problem.

Die schon Ende des 18. Jahrhunderts aufgetretene Stilunsicherheit bei Künstlern und Architekten teilte sich auch den Handwerkern mit, dazu kamen Hoffnungslosigkeit und Not. Trotzdem entstand in Deutschland und Österreich um 1825 (bis etwa 1848) im Anschluß an den Klassizismus ein neuer, bürgerlicher Wohnstil, das, nach einer Spottfigur aus den »Fliegenden Blättern« genannte *Biedermeier*, mit schlichten Möbeln aus hellen Hölzern, geblümten

Regency-Teekanne, 1827/8. Victoria and Albert Museum London

Döbereiner Feuerzeug, mit Perlenstickerei umkleidet. Kirms-Krackow-Haus

Gestickter Klingelzug, Biedermeier. Weimar. Kirms-Krackow-Haus

Biedermeier-Reisetasche aus Leder und besticktem Stoff. Der untere Teil ist ein Köfferchen. Kirms-Krackow-Haus

*Teemaschine, 1830.
Stadtmuseum
München*

*Lichtschirm um 1830.
Mahagony und
bemalte Seide.
Stadtmuseum
München*

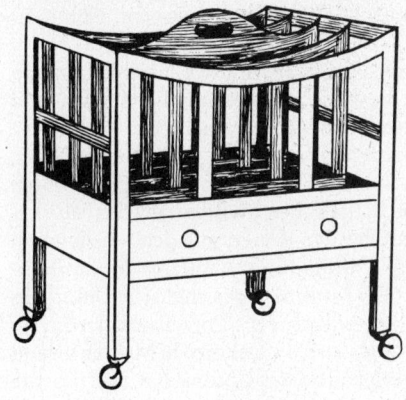

In England wurden die Zeitschriftenständer nach einem Erzbischof von Canterbury genannt, der als erster Ende des 18. Jh. ein solches Kleinmöbel arbeiten ließ

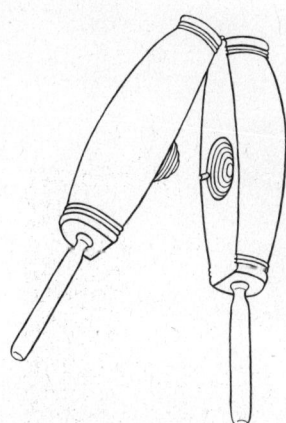

Zitronenpresse aus Hartholz, Kirms-Krackow-Haus

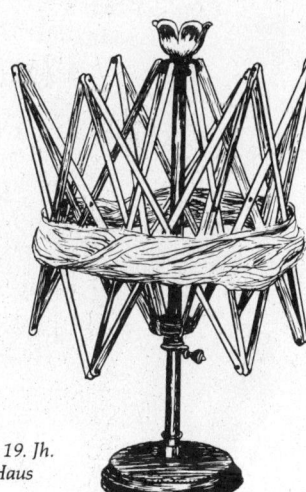

Garnweife, frühes 19. Jh.
Kirms-Krackow-Haus

Streifenbezügen, Blumenteppichen und Rankentapeten, Nähtischchen und Blumenkrippen.

Unter den Porzellanmalern, Glasmalern und Glasschleifern gab es noch Begabungen, die die beliebten Freundschaftstassen und Erinnerungsgläser zu kleinen Kunstwerken machten.

Viele Porzellanmanufakturen, ehemals in fürstlichem Besitz, stellten die Produktion ein oder wurden von mutigen Privatleuten übernommen, die jetzt neue Wege gehen mußten, um die Fabrikation konkurrenzfähig gegenüber den Waren aus dem Ausland zu erhalten. Wedgwood wurde Vorbild. Schon Anfang des Jahrhunderts begann sich auch auf dem Kontinent das englische Umdruckverfahren durchzusetzen und verdrängte die Porzellanmalerei. Am beliebtesten blieben die Unterglasurblau-Dekore. In Meißen erfand man 1817 eine neue Unterglasurfarbe, das Chromgrün, und brachte das »Weinlaub« heraus. Neugründungen, wie die Fabriken in Selb

Becher aus Rubinglas mit Vergoldung und Mattschnitt. Böhmen oder Schlesien um 1830. Kunstgewerbemuseum Köln

Gußeiserne Plätzchenform, 19. Jh. Privatbesitz

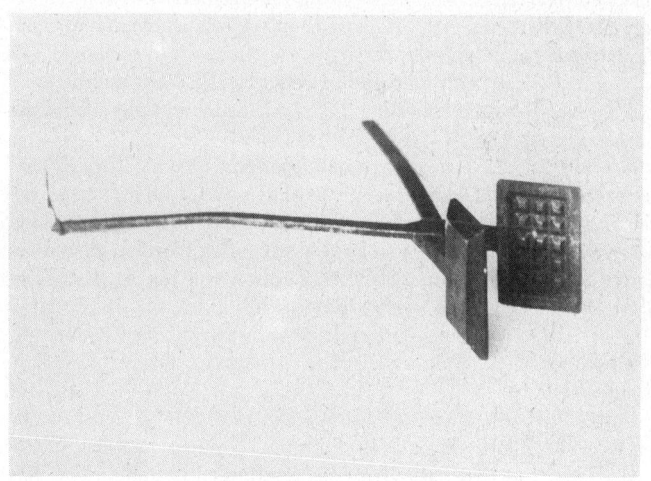

Kleines Waffeleisen, 19. Jh. Privatbesitz

von Magnus Hutschenreuther, seit 1814, und Philipp Rosenthal, seit 1867, überstanden die Krisen durch wirtschaftliche Produktion.

Die böhmischen Glasfabrikanten brachten ständig Neuheiten auf den Markt, um im Geschäft zu bleiben. Aus der Hütte des Grafen von Buquoy in Südböhmen kam Anfang des Jahrhunderts das erste Edelsteinglas, das rote Hyalith, heraus, wenig später das schwarze Hyalithglas. In Haida in Nordböhmen experimentierte Friedrich Egermann mit zartfarbigen und achatähnlich gemaserten Gläsern, die er Lithyalin nannte.

Für die Herstellung von einfachen Gläsern wurde jedoch die 1827 in Amerika erfundene practical glaspressing machine eine unüberwindliche Konkurrenz der Glasbläser.

Die Aufhebung der Binnenzölle in Deutschland 1834 förderte wenigstens den freien Handel.

Stilunsicherheit führte allmählich zum planlosen Historisieren. Brachte das Zurückgreifen auf vergangene Epochen bis zum Biedermeier noch geglückte, harmonische Lösungen hervor, so entstanden in der folgenden Zeit des *Historismus* pompöse Bauten und überladene Innenräume, die sich an Rokoko, Renaissance, Romantik oder Gotik anlehnten. In den achtziger Jahren liebte man prunkvoll mit Draperien, Pfauenfedern und Strohblumensträußen ausgestattete »Makart-Zimmer«, die auf das Wirken des Wiener Gesellschaftsmalers Hans Makart (1840—84) zurückgingen. Häufig wurden auch verschiedenartige Stilelemente vermengt. Die wirtschaftliche Macht der Industrieländer suchte besonders im letzten Viertel des Jahrhunderts ihren Ausdruck in kolossalen Bauwerken.

In Amerika aber wurde nach dem großen Brand in Chicago 1871 erstmalig der Stahlskelettbau für Wohn- und Geschäftshäuser angewendet. Vor allem durch das Wirken der *Chicago School* sind hervorragende, ästhetische Lösungen gefunden worden. Schon auf der ersten Weltausstellung 1851 in London war der sechsstöckige Kristallpalast, von Sir Joseph Paxton als Eisenkonstruktion mit Glas errichtet, eine Sensation. Die neue Bauweise machte auch die Wolkenkratzer möglich und wurde für das 20. Jahrhundert richtungweisend.

In den bürgerlichen Haushaltungen änderte sich zunächst wenig. Möbel und Kleinmöbel, Öfen, Lampen, Uhren, Geschirr, Gläser und Geräte wurden nach dem Zeitgeschmack gestaltet. Das Küchengerät war vielfältig wie im 18. Jahrhundert. Vom Kupferge-

Essig- und Ölgefäß, Ende 19. Jh. Entwurf Prof. Fritz v. Müller, München

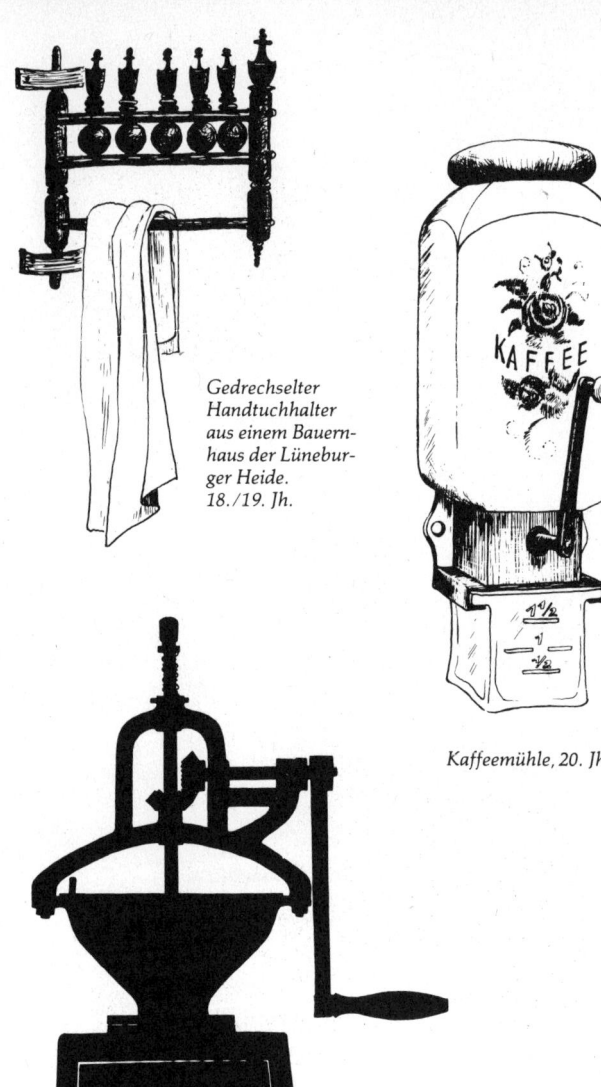

Gedrechselter Handtuchhalter aus einem Bauernhaus der Lüneburger Heide. 18./19. Jh.

Kaffeemühle, 20. Jh.

Schrotmühle, 19. Jh. Sie wurde auch als Kaffeemühle verwendet

Viktorianische Kohlenschütte

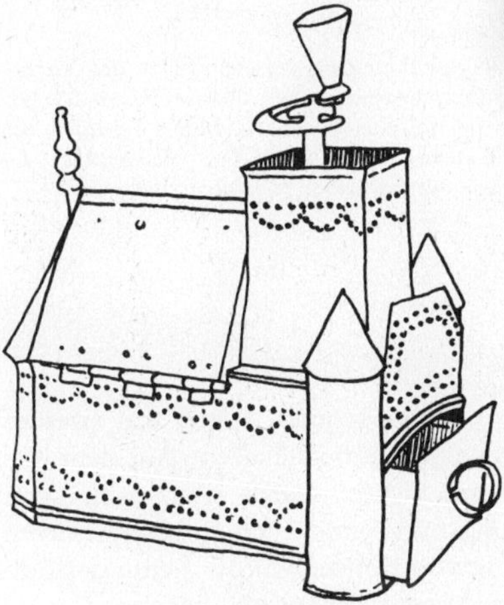

Originelle Kaffeemühle aus Kupfer in Form einer Kirche, 1857, Trier. Städtisches Museum Simeonstift

Kupferne Brotbüchsen (?) aus Bad Aibling, 19. Jh. Löcher im Boden lassen vermuten, daß solche Büchsen vielleicht als Seifenbehälter für den Badebetrieb dienten. Privatbesitz

»Bourdalou« um 1830. Die elegant geschwungene, schmale Form des Nachttopfes, frz. vase de nuit, verdankt ihren Namen einem Pfarrer Bourdalou im 18. Jh., der gern sehr lange predigte, so daß die Damen, besonders bei Kälte, oft genötigt waren, unter dem weiten Gewand dezent einen Topf zu benutzen. Es gibt wunderschön bemalte Exemplare aus Porzellan oder Steingut.

schirr trennte man sich noch nicht so schnell. Später trat eisernes an seine Stelle. Die Tischsitten wurden beibehalten. Auf dem Küchenzettel breiter Bevölkerungsschichten wurde jetzt, mehr denn je, die Kartoffel Hauptnahrungsmittel und auch für die Ärmeren erschwinglich. Die Herstellung von Konservenkost, heute der umfangreichste Zweig der Nahrungsmittelindustrie, begann sich zu entwickeln. Die Anfänge waren Fleischextrakte und Trockensuppen. Seit 1847 gibt es »Liebigs Fleischextrakt«.

Auf dem Gebiet der Hygiene bahnte sich zögernd der Fortschritt an. Man richtete die ersten Badezimmer ein mit heizbaren Badeöfen. Fließendes Wasser war aber noch lange nicht in jeder Stadtwohnung möglich. Das einfache Volk lebte sowieso in äußerst bescheidenen Verhältnissen.

Die großen Entdeckungen und Erfindungen des 19. Jahrhunderts auf allen Gebieten der Wissenschaft und Technik, die in so kurzer Zeit die Welt verändert haben, bekamen nur langsam auch für private Haushalte Bedeutung. Während auf dem Lande noch viel länger mitunter mittelalterliche Zustände herrschten, wurde in den Städten bis Ende des Jahrhunderts vieles Allgemeingut, was bis dahin den Wohlhabenden vorbehalten war.

Als schon die Dampfmaschine die Industrie bestimmte, Dampfschiffe mit den Segelschiffen konkurrierten, der Engländer George Stevenson 1814 seine erste Lokomotive fertigstellte (1835 fuhr die

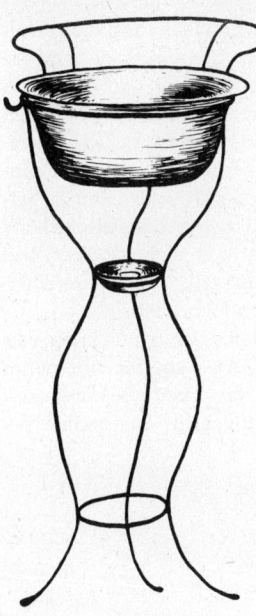

Waschschüssel mit Ständer, um 1910

Wärmflasche (aus Kupfer, Zinn oder Zink) mit einer Vertiefung für das Babyfläschchen. 19. Jh.

Waschgarnitur aus Porzellan mit Goldrand, 20. Jh.

erste deutsche Eisenbahn von Nürnberg nach Fürth) und die gewaltige Naturkraft Elektrizität richtig erkannt (André Marie Ampère 1775—1836) und genutzt wurde, 1833 von Gauß und Weber in Göttingen für die Telegrafie, da beleuchtete man die Wohnungen noch mit Öllampe, Kerzen und Kienspan, die mit Tunkzündhölzern von Chancel oder Schwefelzündhölzern von Cooper entzündet wurden. Hans Christian Andersen ließ sich in der Zeit zu seinem Traum-Märchen »Das Mädchen mit den Schwefelhölzchen« inspirieren. Es gab auch Sicherheitshölzer von V. R. Böttger, und seit 1823 war das Wasserstoff-Platin-Feuerzeug von Döbereiner, ein sehr hübsches Tischgerät, allgemein in Gebrauch.

Erst 1860 löste die Petroleumlampe, dank der Entdeckung von Erdöl in Pennsylvania/USA, die Rüböllampe ab. Sie übernahm deren Form, die Argand Ende des 18. Jahrhunderts entwickelt hatte, mit kleinen technischen Veränderungen für das dünnflüssigere Petroleum.

Waschgarnitur aus Steingut »Sarrebourg« um 1885. Antiquitätenhandel.

*Rüböllampe, Anfang 19. Jh.
Deutsches Museum München*

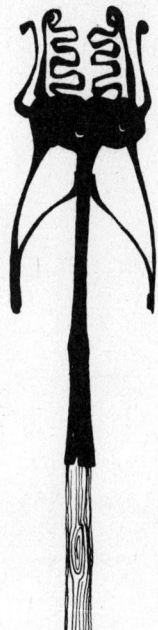

*Kienspanhalter aus einem
Bauernhaus, 19. Jh.
Bayerisches National-
museum München*

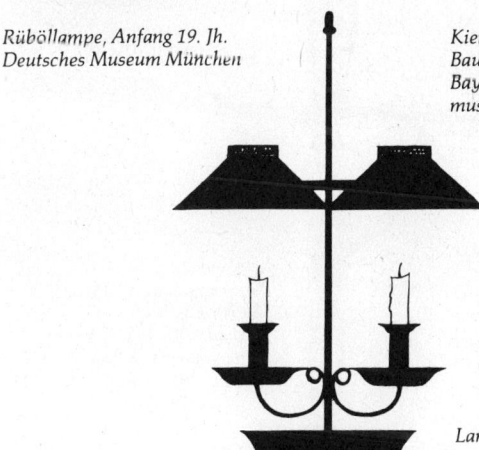

*Lampe mit Kerzen
und Schirmchen,
um 1820*

Petroleumlampe um 1905. Diese Art wurde auch als Hängelampe verwendet. Sammlung Osram, München

Wiener Petroleumlampe um 1880. Sammlung Osram, München

Öluhr aus Zinn, 19. Jh. Der beim Verbrennen sinkende Ölspiegel zeigt auf der um den Glasbehälter liegenden Skala die Zeit an

*Tischöllampe aus Biskuitporzellan, 1870.
Sammlung Osram, München*

Obwohl auch mit Gasbeleuchtung schon Ende des 18. Jahrhunderts von Murdock, einem Mitarbeiter von James Watt, Versuche gemacht worden waren und die Straßen der großen Städte seit 1807 (»Pall Mall« in London) zunehmend mit Hilfe von Gas erhellt wurden (Straßengasbeleuchtung gab es noch 1958!), setzte sich das Gasglühlicht für Wohnungen erst Ende des Jahrhunderts, von Auer von Welsbach weiterentwickelt, durch. 1902 verbesserten Bernt und Cerwenka das Gasglühlicht durch den hängenden Strumpf. Die Lampen behielten weitgehend die alten Formen bei.

Noch länger dauerte es, um die elektrische Glühbirne, deren Vorläufer Goebel 1854 erfand, für die Allgemeinheit nutzbar zu machen. 1879 wurde schon die Leipziger Straße in Berlin durch elektrisches Bogenlicht, von Edison entwickelt, beleuchtet, und im gleichen Jahr fuhr die erste elektrische Eisenbahn von Werner von Siemens (1816—1892), dem Begründer der Elektrotechnik in Deutschland.

1900 erfand Auer von Welsbach die Osmium-Glühlampe mit Metalldraht, und 1919 wurde das Osram-Werk (Osmium-Wolfram) gegründet. Die Glühbirnen wurden nun ständig verbessert. Man konnte auch die Lichtstärke variieren. Die Abhängigkeit von nur einer dünnen, isolierten, beliebig langen Leitungsschnur eröffnete den Lampenherstellern große Möglichkeiten. Die Stehlampe war z. B. neu. Trotzdem blieben auch alte Formen im Handel. Der traditionelle Kronleuchter ist bis heute beliebt geblieben. Seit 1839 gab es schon vereinzelt Gasfeuerung, aber erst Ende des Jahrhunderts wurde der Kohleherd langsam durch den Gasherd ersetzt, und um die Jahrhundertwende entwickelte Hugo Junkers (1859 bis 1935) den Gasbadeofen. Erst nach dem zweiten Weltkrieg sind Zentralheizung und Badezimmer für Neubauten Selbstverständlichkeit in den Industrieländern geworden.

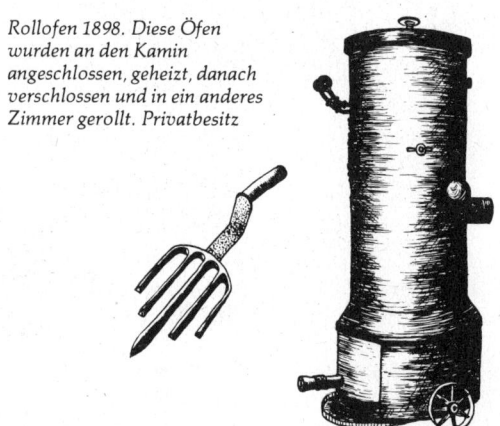

Rollofen 1898. Diese Öfen wurden an den Kamin angeschlossen, geheizt, danach verschlossen und in ein anderes Zimmer gerollt. Privatbesitz

Die Pflege der Wohnungen kann man sich heute ohne den *Staubsauger* kaum noch vorstellen. 1895 meldeten Howard und Taite zum Segen aller Hausfrauen und Hausmädchen ihr Patent an.

Die *Nähmaschine* ist in vielen Haushalten unentbehrlich geworden. Nach verschiedenen Versuchen seit 1775 baute der Amerikaner E. Howe 1845 die erste Doppelstichnähmaschine. Von Wilson, Gibbs, Grover, Gritzner, J. M. Singer und M. Pfaff weiter verbessert und produktionsfähig gemacht, eroberte sie seit 1850 die Modeateliers und die Stuben der Heimarbeiterinnen. Sie forderte geradezu heraus, nun leicht herstellbare Rüschen als Verzierung der Damenkleider zu kreieren.

Nähmaschine aus Holz und Knochen, Anfang 19. Jh. Im Besitz des Hauses Strobel, München

Wenig Verbesserung erfuhren die Bügeleisen, die, wie die alten Nähmaschinen, gern gesammelt werden. Noch über die Kriegszeit 1939—45 erhitzte man sie vielerorts auf dem Herd und auf Gas. Es gab auch noch Einsatzbolzen, die heiß gemacht wurden, und immer noch Eisen, die mit glühenden Kohlen gefüllt wurden. Für die Bügelzimmer der vornehmen Häuser und die Schneiderateliers waren Öfen in der Mitte des Bügelzimmers sehr praktisch. Die Eisen wurden auf einer rundherumlaufenden Stufe erhitzt. Sogar heute noch stellen Firmen für Entwicklungsländer, die nicht überall Strom haben, Bügeleisen her, die durch Holzkohlen erhitzt werden.

In die Büros zog in den siebziger Jahren die *Schreibmaschine* ein. Das erste brauchbare Modell mit Typenkorb und Schreibwalze konstruierte der Mechaniker P. Mitterhofer aus Österreich 1866.

Bügeleisen, das in der Glut erhitzt wurde, 17. Jh.

Nadelkissen, mit feiner Elfenbeinschnitzerei verziert, zum Anschrauben an die Tischplatte. 2. Hälfte des 19. Jh.

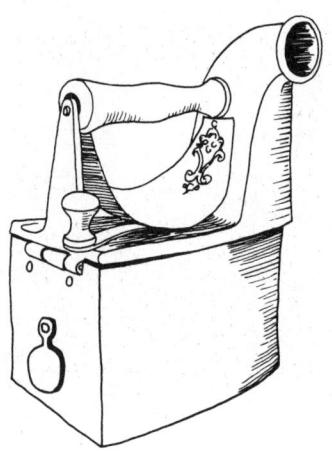

Bügeleisen aus Spanien für glühende Kohlen. 19./20. Jh.

Untersetzer für Bügeleisen um 1900

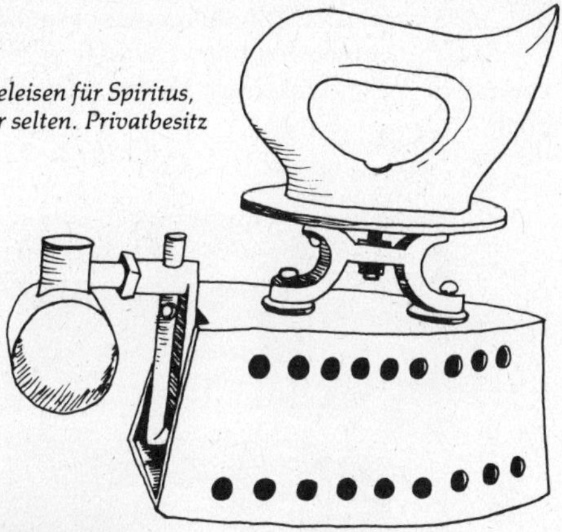

*Reisebügeleisen für Spiritus,
1906, sehr selten. Privatbesitz*

*Niederländische Bügeleisenform
für glühende Kohlen*

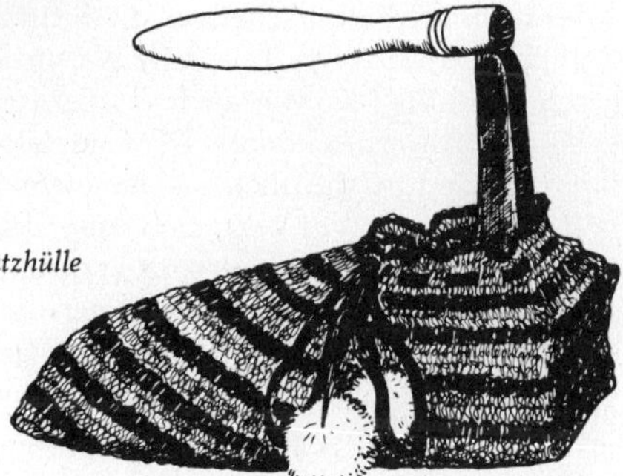

*Bügeleisen
in gehäkelter Schutzhülle
gegen Rost, 1902*

Seit 1873 produzierte Remington in Amerika Schreibmaschinen. Die Maschinen wurden immer wieder verbessert und die Systeme verändert. Es sind mächtige Kästen, aber sie schreiben auch heute noch.

Remington-Schreibmaschine. Privatbesitz

Eine wunderbare Sache war die Erfindung des *Telefons* durch Philipp Reis 1861. Die Telegrafie war inzwischen schon weit fortgeschritten. Bis 1876 war auch das Telefon soweit entwickelt, daß es eingesetzt werden konnte. Der Generalpostmeister Heinrich von Stephan, ein fortschrittlicher Mann, vereinigte Post und Telegrafie und erreichte, daß es 1877 die ersten Telefone bei der Post gab. 1881 war das erste Ortsfernsprechnetz in Deutschland in Betrieb. 1892 schuf der Amerikaner Strowger durch den Drehwähler die Voraussetzungen für die Selbstwählanlagen. Diese alten Apparate sind beliebte Sammelobjekte geworden und werden heute auch für Liebhaber, als Umkleidung modernster Telefontechnik, nachgebaut.

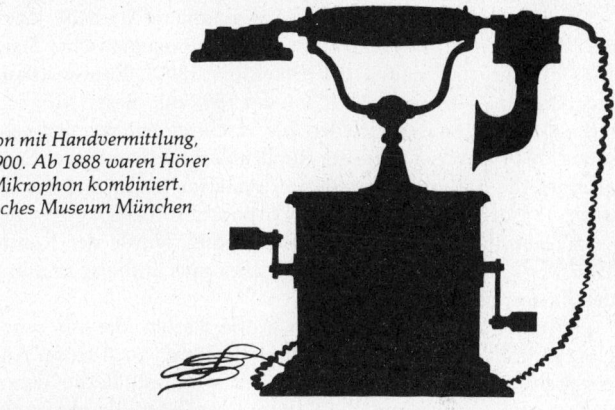

Telefon mit Handvermittlung, um 1900. Ab 1888 waren Hörer und Mikrophon kombiniert. Deutsches Museum München

Volksempfänger, Baujahr 1933, Deutsches Museum München

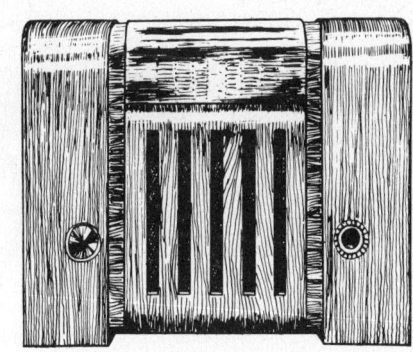

Radio der dreißiger Jahre, Deutsches Museum München

Der *Rundfunk* hatte seine Vorentwicklung noch im 19. Jahrhundert durch Heinrich Hertz (Nachweis elektromagnetischer Strahlen 1888), Branly (Erfindung des Detektors 1890), Popow (Bau der Hochantenne 1895) und Marconi, der 1897 mit diesen Möglichkeiten elektromagnetische Wellen zur Nachrichtenübermittlung einsetzte. 1919 wurde das größte Rundfunkunternehmen der Erde gegründet, die Radio Corporation of America (RCA) mit der Tochterfirma National Broadcasting Corporation (NBC).

In Deutschland, seit 1922 in Privathand, wurde der Rundfunk 1933 Werkzeug des Propagandaministeriums und war unmittelbar der Reichspost unterstellt.

Die alten Radios waren noch große Kästen, die aus schönem Holz sorgfältig gearbeitet sein konnten. Es gab auch schon Anfang der dreißiger Jahre Autoradios! Über das billigste Radio, den weitverbreiteten »Volksempfänger«, konnte in Deutschland fast die gesamte Bevölkerung unmittelbar ideologisiert werden.

1877 erfand T. A. Edison den *Walzenphonograph*, das erste Schallaufzeichnungsgerät. Emil Berliner verbesserte es und schuf das *Plattengrammophon*, das von der Deutschen Grammophongesellschaft angekauft und 1887 mit großem Erfolg in den Handel gebracht wurde.

Auf allen Gebieten wurde geforscht und experimentiert. Auch die alte Camera obscura brachte mehrere Erfinder auf die Idee, das Bild, das in die Lochkamera einfällt, zu fixieren.

Die *Daguerreotypie*, 1837 von dem französischen Maler L. J. M. Daguerre erfunden, hielt es nach Belichtung auf einer mit Jodsilber

Draisine. Deutsches Museum München

Bicycle No. 2.

Preis Mark 280.—

halbvernickelt.

überzogenen Silberplatte fest, die Quecksilberdämpfen ausgesetzt und mit unterschwefligsaurem Natron behandelt wurde. Das Verfahren hat sich nicht durchgesetzt, so reizvoll die Bilder heute für uns erscheinen. Den größeren Erfolg hatte W. H. Talbot, der 1838 von Glasnegativen schon beliebig viele Positive auf Chlorsilberpapier herstellen konnte.

R, L. Maddox erfand 1871 die Bromsilbergelatine-Trockenplatte. Die ersten Zelluloidfilme mit lichtempfindlicher Schicht benutzten 1884 die Amerikaner H. Goodwin und G. Eastman.

Für die Malerei bedeutete die *Photographie* (Fotografie) zunächst eine große Nebenbuhlerin, war es doch dem gemalten Bild jahrhundertelang vorbehalten, auch als Dokument zu dienen. Diesen Rang machte ihm das objektive Photo streitig. Familienfeierlichkeiten, Einzelpersonen, Kriegsschauplätze und Katastrophen konnte es genau, wie sie wirklich waren, festhalten. Viele Maler begannen, neue Wege zu gehen, auf denen die Photographen nicht folgen konnten. Damals gelang den Impressionisten der große Durchbruch. Man verstand sie auf einmal, denn man erkannte, was sie, im Gegensatz zur Photographie, ausdrücken wollten und konnten.

Heute hat die Photographie ihre eigenen künstlerischen Möglichkeiten entwickelt und die dokumentarischen voll erschlossen. Der Photoapparat gehört schon fast zum Haushalt, und viele Menschen haben durch ihn bildhaft sehen gelernt.

Schon Ende des 18. Jahrhunderts war das Interesse am Sporttreiben erwacht und vielleicht dadurch auch bald der Wunsch, sich mit einem Gerät aus eigener Kraft fortzubewegen. Der badische Forstmeister Karl Friedrich v. Drais (1785—1851) erfand 1817 für die sportlichen Bürger ein Laufrad, das nach ihm *Draisine* genannt wurde. 1853 verbesserte es Ph. M. Fischer durch die Tretkurbel am Vorderrad. Um mit wenig Kraft größere Strecken zu bewältigen, wurde das Vorderrad vergrößert, bis der Fahrer auf dem originellen *Hochrad* balancierte.

Zwischen 1868 und 1879 entwickelten drei Erfinder (Guilmet, Trefz und Lawson) den Hinterradantrieb. In der Zeit kam auch die Vollgummibereifung auf, und Cowper brachte eine neue Verbesserung durch die Tangentialspeichen. 1881 wurde das erste deutsche *Fahrrad* gebaut. Einer der bedeutendsten Pioniere war Johannes Strobel in München (heute Fa. J. Strobel u. Söhne, Spezial-Nähmaschinen-Fabrik München), der auch den ersten Freilauf erfand, ihn aber leider nicht patentieren ließ.

*Spinnrad, 18./19. Jh.
Bayerisches National-
museum München*

Die Luftbereifung, 1888 von dem schottischen Tierarzt J. B. Dunlop erprobt, der in seiner Praxis sicher besonders auf das Rad angewiesen war, und die 1900 von E. Sachs entwickelte Torpedo-Freilaufnabe mit Rücktrittbremse sicherten dem Fahrrad als Sport- und Gebrauchsgerät einen Siegeszug, den bis heute auch das *Auto* nicht bremsen konnte, dessen Entwicklung in den achtziger Jahren mit den drei- und vierrädrigen Motorkutschen von Daimler und Benz begann.

In Amerika gehörte wohl auch der *Colt* im 19. Jahrhundert zu manchem Hausrat. Für Westernfans wird es interessant sein zu wissen, daß ab 1835 Samuel Colt in Amerika seine Revolver hergestellt hat.

Den großartigen Erfindungen und Entdeckungen des 19. Jahrhunderts stand jedoch die allgemeine Stilunsicherheit gegenüber. Auf der 1. Weltausstellung 1851 in London wirkte der Stilmischmasch, bei technischem und handwerklichem Können, auf kritische

Betrachter alarmierend. Die Präraffaeliten in England mit William Morris an der Spitze, eng verbunden mit den sozialen Reformbestrebungen John Ruskins, sahen in der Wiederbelebung handwerklicher Tradition durch Kenntnis der hervorragenden Technik und schlichten Formgebung mittelalterlicher Handwerkskunst einen Weg aus dem Dilemma.

Ein wichtiger Anstoß kam dazu wieder aus dem Fernen Osten, als es Amerika gelungen war, 1854 durch Kommodore Perry einige japanische Häfen für den Welthandel zu öffnen.

Japanischer Stellschirm, 19. Jh.

Japanisches Lackkästchen

Mit Konsumgütern gelangten, z. T. sogar als Verpackung, moderne japanische Druckgraphiken nach Europa, die von den Händlern billig verkauft wurden. Sie begeisterten zuerst die Künstler in Paris, dann aber wurden vor allem die Kunsthandwerker auch durch fernöstliches Gebrauchsgut angeregt, etwas Neues, Eigenartiges aus allen Materialien zu schaffen, und es entstand noch einmal ein echter Stil, der *Art nouveau* oder *Modern Style* oder in Deutschland *Jugendstil*, nach der Zeitschrift »Die Jugend«, genannt wurde.

Weitschwingende Linien, Vorbildern aus Pflanzen- und Tierwelt nachempfundene Ornamente und Formen, müde, aber auch schillernde Farben, Eleganz mit einem Schuß Dekadenz kennzeichnen diesen dekorativen Stil, der von etwa 1895—1910 und länger Architektur, Möbel und Hausrat, Schmuck, Grafik und Literatur be-

Jugendstil-Kaffeekanne von einem Service, versilbert, Anf. 20. Jh. Antiquitätenhandel

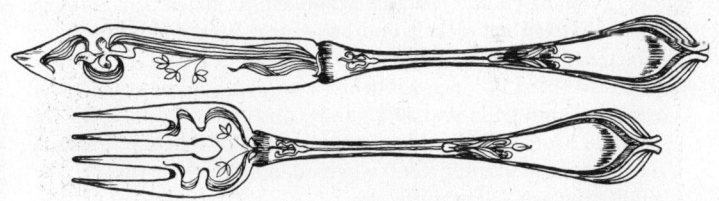

Fischbesteck mit Jugendstildekor, 1895. Privatbesitz

Messer von silbernem Fischbesteck mit plastisch gearbeitetem Griff. Spätes 19. Jh. Privatbesitz

*Tiffanylampe.
Vorbild im Museum Stuck-Villa,
München*

einflußt hat. In allen Ländern verschrieben sich große Künstler dem neuen Stil, und ihre phantastischen Gläser, Lampen, edles Porzellan, Keramik mit aparten Glasuren, Silber- und Zinngerät, Möbel, Stoffe und Tapeten zeigen die Möglichkeiten, vor allem in der angewandten Kunst, und die Schönheit des Jugendstils, solange er von Meistern entwickelt und beherrscht wurde. Ideal war es, wenn zu der Zeit ein Künstler wie Henry van de Velde die gesamte Inneneinrichtung von den Möbeln bis zu den Eßbestecks und den Vorhängen entwerfen und aufeinander abstimmen konnte. Im Gegensatz zu Morris, der nur die Handarbeit gelten ließ, setzte van de Velde, allerdings ständig kontrollierend, die Maschine für die Vervielfältigung seiner Entwürfe ein.

Leider bemächtigte sich die Massenproduktion des Jugendstils und setzte nach kurzer Zeit seinen Wert herab, so daß keine Weiterentwicklung möglich war.

Die Anfang des 20. Jahrhunderts in Deutschland und Österreich gegründeten Werkbünde setzten die »Neue Sachlichkeit« den Auswüchsen entgegen. Walter Gropius intensivierte die Bemühungen der Werkbünde, Künstler und Industrielle zur Zusammenarbeit zu bringen, durch die Gründung des *Bauhauses* 1919 in Weimar. In

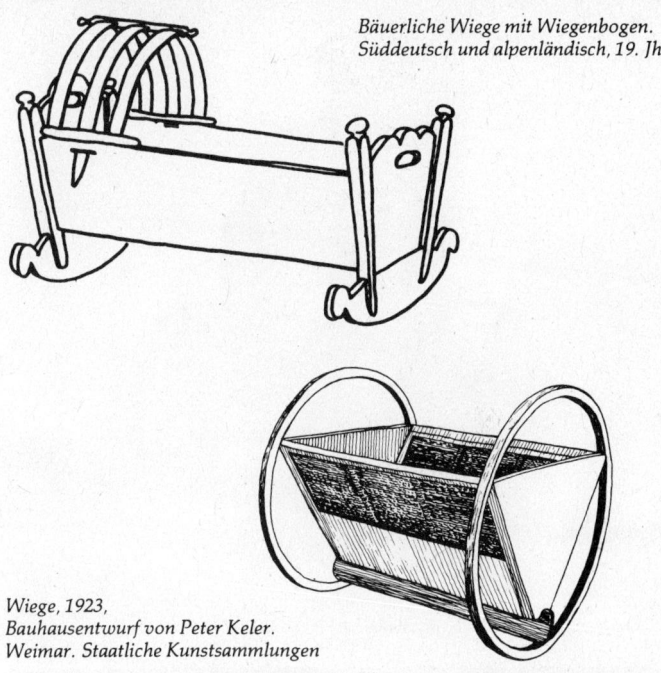

Bäuerliche Wiege mit Wiegenbogen.
Süddeutsch und alpenländisch, 19. Jh.

Wiege, 1923,
Bauhausentwurf von Peter Keler.
Weimar. Staatliche Kunstsammlungen

dieser Unterrichtsstätte, die aus der Großherzoglichen Sächsischen Hochschule für bildende Kunst und der Kunstgewerbeschule, wo van de Velde gelehrt hatte, hervorgegangen war, arbeiteten Künstler und Kunsthandwerker mit den Studierenden an der Gestaltung der Umwelt der Menschen, vom Bauwerk bis zum kleinsten Hausgerät. Das Ziel war, mit Technikern und Industriellen gemeinsam erstklassiges Gebrauchsgut für die Herstellung durch die Maschine zu schaffen. Die Ideen des Bauhauses, das selbst 1933 aufgelöst werden mußte, sind durch Schüler und Emigranten weit über Deutschlands Grenzen hinaus wirksam geworden und auch heute noch gültig.

Der Jugendstil ist längst rehabilitiert. Man hat seine Bedeutung für die Entwicklung der modernen Kunst und des Kunsthandwerks erkannt. In den zwanziger Jahren und frühen dreißiger Jahren, also

Tintenfaß aus Messing, 1915. Privatbesitz

Schreibzeug, spätes 19. Jh. Stadtmuseum München

Links und Mitte: Silberkännchen für Tee-Extrakt von Marianne Brandt, 1923/24 (Bauhaus) Weimar. Staatliche Kunstsammlungen

Keramikkanne für Kakao von Otto Lindig, 1923 (Bauhaus) Weimar. Staatliche Kunstsammlungen

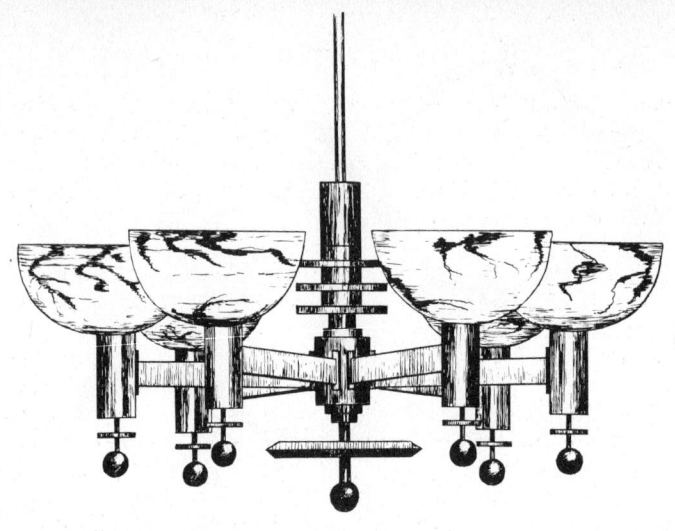

*Deckenlampe aus Stahl und Marmor.
Fa. A. Richter, Georgswalde/Nordböhmen 1928/29. Privatbesitz*

zur Zeit des Bauhausschaffens, hat die anspruchsvolle Schönheit guter Jugendstilschöpfungen wieder die Künstler inspiriert, und es entstanden vorzügliche Arbeiten in funktionalen Formen, auch aus neuen Materialien, wie Plexiglas und Chrom, für die industrielle Fertigung und ausgewählte, elegante Einzelstücke aus edlen Hölzern, Metallen, Glas mit raffiniert einfachen Dekors in klaren Farben. Sie sind heute unter dem Begriff *Art Déco* begehrte Sammelobjekte.

Inzwischen ist auch das Interesse an der historisierenden Zeit erwacht. Den Gesellschaftsmalern werden Ausstellungen gewidmet, und Möbel und Hausgerät finden immer mehr Beachtung. Angesichts des heute, trotz interessanter Möglichkeiten, leider so oft stereotypen »Neubaustils« werden auch die erhaltenen Häuser des vorigen Jahrhunderts wieder besonders gepflegt. Ihre Prunkfassaden, aus der Gründerzeit, nach dem Krieg mit Frankreich 1870/71, oder von der Jahrhundertwende, mit Pilastern, Säulen und Balustern, Gesimsen, Fensterumrahmungen und Türmchen, beleben farblich verschönt unsere Straßen.

Literatur

Alimen, Marie-Henriette, und Steve, Marie-Joseph, *Vorgeschichte*, Band 1 in Fischer-Weltgeschichte, Frankfurt a. M. und Hamburg

Bauer, Hans, *Tisch und Tafel in alten Zeiten*, Leipzig 1962

Baur-Heinhold, Margarete, *Deutsche Bauernstuben* in »Die blauen Bücher«, Königstein/Taunus 1967

Behn, Friedrich, *Vorgeschichtliche Welt*, Stuttgart 1962

Boekhof, Hermann, und Winger, Fritz (Herausgeber), *Kulturgeschichte der Welt: Abendland* und *Asien, Afrika, Amerika*, Braunschweig 1963 und 1966

Bossert, Prof. Dr. H. Th., *Ornamente der Volkskunst*, Tübingen 1952

Bossert, Prof. Dr. H. Th. (Herausgeber), *Große Kulturen der Frühzeit*. Schmöckel, Prof. Dr. Hartmut, *Ur, Assur, Babylon*, Drei Jahrtausende im Zweistromland, 1955; Matz, Prof. Dr. Friedrich, *Kreta, Mykene, Troja*, 1956; Mode, Heinz, *Das frühe Indien*, 1959

Brandel, Fernand, *Die Geschichte der Zivilisation*, 15.—18. Jahrhundert, in »Kindlers Kulturgeschichte«, Herausgeber Dr. Egidius Schmalzriedt, 1971

Carter, Howard, *Tut ench Amun*, Leipzig 1934

Coulborn, Rushton, *Der Ursprung der Hochkulturen* (Urban-Bücher), Stuttgart 1962

Das große Bilderlexikon der Antiquitäten, Prag 1968

Die Sammlung, Band 1 (Aus dem Pharmaziehistorischen Museum in Basel), Solco Basel 1974 für Hormon-Chemie München. (Gabe an die Ärzteschaft.)

Fleet, Simon, *Uhren* in »Erlesene Liebhabereien«, Stuttgart

Francastel, Pierre, *Histoire de la Peinture Française*, Band 1: *Du Moyen Age á La Fin du XVIIIe Siècle*, Paris 1955

Grant, Prof. Michael (Herausgeber), »*Die Welt der Antike*«, Kap. 7: Cowell, F. R., *Leben im Altertum*, Der Alltag in Hellas und Rom, München 1964/69

Gurney, O. R., *The Hittites*, Pelican Books, Penguin Books Ltd. Harmondsworth, Middlesex 1962

Haber, Prof. Dr. Heinz (Herausgeber), *Neue Funde aus alter Zeit*, Bild der Wissenschaft, DVA 1970

Hadas, Moses, *Römisches Reich* — Das lateinische Jahrtausend — Das farbige LIFE-Bildsachbuch, RoRoRo, Hamburg 1972 u. 1974

Hagen, Victor W. von, *Sonnenkönigreiche*, Azteken, Maya, Inka, München 1966

Honoré, Pierre, *Es begann mit der Technik*, RoRoRo-Sachbuch, Hamburg 1970

Howell, F. Clark, *Der Mensch der Vorzeit*, Das farbige LIFE-Bildsachbuch, RoRoRo, Hamburg 1975

Iro-Volkskundeatlas, München 1963

Karo, Georg, *Greifen am Thron* — Erinnerungen an Knossos, Baden-Baden 1959

Klengel, Horst, *Geschichte und Kultur Altsyriens*, Leipzig 1967

Kramer, Samuel Noah, *Mesopotamien* — Frühe Staaten an Euphrat und Tigris, Das farbige LIFE-Bildsachbuch, RoRoRo, Hamburg 1971

Kühn, Herbert Prof. Dr., *Auf den Spuren des Eiszeitmenschen*, List, München 1958

Leonard, Jonathan Norton, *Japan* — Das Reich der aufgehenden Sonne, Das farbige LIFE-Bildsachbuch, RoRoRo, Hamburg 1971/74

Leber, Wolfgang, und Beyer, Klaus, *Mon Plaisir*, Die Puppenstadt, München 1965

Mellaart, James, *Çatal Hüyük*, Bergisch-Gladbach 1967

Mommsen, Theodor, *Römische Geschichte*, Wien—Leipzig 1932

Natzmer, Gert von, *Die Kultur der Vorzeit*, Berlin 1955

Orlandi, Enzo (Herausgeber), *Karl der Große und seine Zeit*, Text: Giancarlo Buzzi und Eva Krieg, Wiesbaden 1968

Pallottino, Massimo, *Die Etrusker*, (Fischer-Bücher des Wissens), Frankfurt a. M. und Hamburg 1965

Schlette, Friedrich, *Germanen* zwischen Thorsberg und Ravenna, Leipzig—Jena—Berlin 1974

Schmidt, Dieter, *Bauhaus*, Weimar—Dessau—Berlin—Dresden 1966

Simons, Gerald, Zeitalter der Menschheit: *Die Geburt Europas*, TIME-LIFE-Bücher, New York 1968

Spannagel, Fritz, *Gedrechselte Geräte*, Ravensburg 1941

Stein, Werner, »Kulturfahrplan« Berlin und Darmstadt 1954

Steinhausen, Georg (Herausgeber), Monographien zur deutschen Kulturgeschichte: Band 8: Ernst Mummenhoff, *Der Handwerker in deutscher Vergangenheit*, Leipzig 1901

Torbrügge, Walter, und Uenze, Hans P., *Bilder zur Vorgeschichte Bayerns*, Herausgeber Hans-Jörg Kellner, Direktor der Prähistorischen Staatssammlung München, Konstanz 1968

Vacano, Otto-Wilhelm von, *Die Etrusker in der Welt der Antike*, Rowohlt, Hamburg 1957/59

Kataloge:

Badisches Landesmuseum Karlsruhe (Bildhefte): *Griechische Vasen*, 1969

Die Neue Sammlung in München: *Lampe, Leuchter, Laterne*. Ausstellung v. 21. 12. 1964 bis 4. 4. 1965

Formsammlung der Stadt Braunschweig

Kunstmuseum der Stadt Düsseldorf: *Das Hetjensmuseum*, 1969

Kunstgewerbemuseum Zürich: *Beispiel Japan* (Bau und Gerät), Sammlung Werner Blaser. Ausstellung v. 2. 4. bis 31. 5. 1965 in München

Landschaftsmuseum des Niederrheins in Krefeld, Burg Linn. Sonderausstellung: *Mittelalterliche Keramik aus Böhmen und Mähren* (Nat. Mus. Prag) v. 15. 10. 1971 bis 15. 1. 1972

Österreichisches Museum für angewandte Kunst, Wien: *Archäologische Funde der Volksrepublik China*, Ausstellung v. 23. 2. bis 20. 4. 1974

Römisch-Germanisches Museum der Stadt Köln: Band I, 1974

Staatliche Museen Berlin: *Ägyptisches Museum Berlin*, 1967

Staatliche Kunstsammlungen Kassel: Nr. 1 *Antike Gläser*, 1967; Nr. 4 *Antike Bronzen*, 1972

Staatliches Museum für Völkerkunde, München: Ausstellung *Asiatische Kunst*

Städtisches Museum Simeonstift, Trier: *Trier zur Biedermeierzeit*, Ausstellung v. 12. 9. bis 31. 10. 1975

Sammlung Schwarzkopf — Zur Kulturgeschichte der Haar- und Schönheitspflege

Villa Hügel, Essen: *Pompeji* — Leben und Kunst in den Vesuvstädten. Ausstellung v. 19. 4. bis 15. 7. 1973. *Kunst aus Mexiko*. Ausstellung v. 8. 5. bis 18. 8. 1974

Victoria and Albert Museum London: Her Majesty's Stationery Office, Nr. 27: *Italian Secular Silver*, 1962; Nr. 28: *Mid-Georgian Domestic Silver*, 1952

Register

Behältnisse 22, 27, 28, 61, 78, 100, 142, 145, 147, 182
Beleuchtung 14, 31, 40, 59, 60, 62, 65, 67, 68, 80, 85, 86, 113, 122, 135, 136, 138, 139, 140, 142, 159, 168, 169, 170, 171, 184, 188
Bestecke 95, 119, 134, 135, 183
Beschläge 72, 77
Blitzableiter 128, 131
Blumengefäße 94, 150, 160
Bügeleisen 75, 173, 174, 175
Fahrrad 178, 179
Fayence 32, 35, 95, 114, 115, 116, 131, 154
Feuerzeug 157, 168
Fiedelbohrer 19
Gabel 22, 68, 118, 119
Gläser 28, 32, 33, 35, 37, 56, 57, 58, 67, 68, 74, 78, 81, 84, 96, 97, 98, 99, 113, 116, 117, 135, 160, 162
Grammophon 178
Handmühlen 82, 149, 164
Jagdgerät 11, 15, 16, 19
Kalender 37
Keramik 17, 18, 19, 20, 21, 22, 24, 25, 26, 27, 28, 39, 40, 41, 42, 43, 48, 49, 50, 51, 52, 56, 67, 72, 74, 81, 82, 95, 96, 187
Kleinmöbel 33, 36, 58, 72, 78, 80, 90, 92, 93, 94, 103, 111, 112, 159, 182, 185
Klingelzug 157
Körbe 14, 18, 20, 22, 30, 46, 100, 152
Küchengerät 30, 36, 59, 60, 61, 72, 82, 87, 98, 119, 122, 123, 124, 125, 153, 158, 161, 165
Kühlgefäße 79
Lampen s. Beleuchtung
Löffel und Kellen 21, 30, 32, 51, 66, 68, 72, 82, 85, 95
Messer 11, 29, 68, 72, 82, 85, 94, 95
Mörser und Reibsteine 18, 19, 29, 42, 82, 120, 121
Nachtgeschirr 107, 166
Nähgerät 12, 13, 30, 63, 64, 172, 173, 174

Öfen und Zubehör 22, 31, 55, 74, 78, 80, 86, 91, 92, 102, 103, 113, 127, 129, 130, 131, 165, 172
Optik 88
Photoapparat 178, 180
Porzellan 25, 26, 35, 74, 90, 95, 97, 107, 131, 132, 133, 134, 148, 151, 160, 162
Radio 177, 178
Reinigungsgeräte 80, 172
Reise und Transport 15, 63, 100, 145, 157
Samowar 118, 158
Scheren 150
Schloß und Schlüssel 71, 72, 76
Schönheitspflege 12, 15, 16, 21, 22, 29, 30, 31, 32, 60, 99, 141, 143, 146, 147
Schreibgerät 37, 38, 39, 63, 64, 78, 94, 142, 143, 173, 176, 186
Siegel 21, 22, 38, 39
Silbergeschirr 42, 59, 68, 81, 94, 95, 100, 116, 132, 134, 137, 156, 183, 187
Spiegel 22, 31, 32, 60, 63, 85, 93, 111, 112, 116
Spinnen und Weben 20, 21, 30, 46, 67, 88, 89, 158, 181
Steingefäße 14, 29
Steinwerkzeug 10, 11, 12, 13, 15, 16, 17, 19, 29
Stiefelknecht 145
Telefon 176, 177
Terra sigillata 58
Thermometer 106
Tischgerät 72, 89, 94, 116, 118, 137, 163
Truhen 70, 77, 92, 100, 110, 145
Uhren 37, 64, 69, 74, 82, 84, 85, 103, 104, 105, 106, 109, 112, 113, 142
Wärmgeräte 59, 113, 115, 155, 167
Wandbekleidung 72, 77, 92, 113, 139, 125, 135
Waschgeräte 72, 73, 78, 79, 125, 142, 144, 145, 167, 168
Zinngerät 79, 83, 100, 101, 113, 114, 133, 135, 154